KB120160

이무석의 마음

이무석의 마음 공부 리커버 1

이무석의 마음

지은이 | 이무석
초판 발행 | 2011. 5. 20
개정판 발행 | 2023. 11. 8
등록번호 | 제1999-000032호
등록된 곳 | 서울특별시 용산구 서빙고로65길 38
발행처 | 비전과리더십
영업부 | 2078-3352   FAX | 080-749-3705
출판부 | 2078-3331

책값은 뒤표지에 있습니다.
ISBN 979-11-86245-54-5   03320

독자의 의견을 기다립니다.
tpress@duranno.com   www.duranno.com

비전과리더십은 두란노서원의 일반서 브랜드입니다.

마음 초보자를 위한 선물

이무석의 마음

국제정신분석가
이무석 지음

비전과리더십

"복잡한 마음에 관한 책을
이렇게 쉽게 읽을 수 있다니"

현대는 관리의 시대라고 말할 정도로 관리에 대한 이론서들이 쏟아져 나오고 있습니다. 인맥 관리, 재정 관리, 인사 관리, 노무 관리, 건강 관리, 심지어는 시간 관리에 이르기까지 주제도 다양합니다. 그러나 '인생은 마음먹기에 달렸다'라는 말이 있습니다. 마음은 몸을 지배하고 인생을 지배한다는 뜻입니다. 잠언에는 이런 말도 있습니다. '화내는 데 더딘 사람은 용사보다 낫고 마음을 다스릴 줄 아는 사람은 성을 빼앗는 사람보다 낫다.'

현대인들은 '약육강식'의 치열한 경쟁과 '일등만이 살아남는다'라는 비정한 논리 속에서 마음이 무너져 내리는 경험을 하며 살고 있습니다. 현대인들이 겪고 있는 질병은 마음의 병이라고 해도 과언이 아닙니다.

이 시대 한국의 정신분석학을 이끌어가는 학자 중의 한 분인 이무석 박사가 마음 관리에 관한 책을 펴냈습니다.

행복한 삶, 활력이 넘치는 삶을 살기 위해서는 마음을 관리해야 한다고 주장하는 저자는 이 책에서 마음이 무엇인지를 분석하며, 신비스러울 정도로 엄청난 힘을 가지고 있는 마음은 스스로 자신을 보호하고 치유하는 힘도 갖고 있다는 것을 여러 치료 사례를 통해서 입증하고 있습니다. 그러면서 마음의 동력인 정신 에너지를 잘 관리해야 한다고 주장합니다.

특히 오랜 정신분석을 통해서 정신 에너지를 소모시키는 세 가지 스트레스로 '포기할 것을 포기하지 못하는 것', '미움', '열등감'을 열거하면서 그 해소 방법을 제시하고 있습니다. 수면은 정신 에너지의 육체적 공급처이며, 인정은 정신 에너지의 정신적 공급처라고 명쾌한 정의를 내리는 내용을 읽으면서 나는 흡사 내 마음으로의 여행을 하는 듯한 느낌을 받았습니다. 내 안에 그렇게 많은 방어기제들이 움직이고 있다는 사실을 알고 깜짝 놀랐습니다.

저자는 결론적으로 '행복한 가정, 단잠, 사랑은 돈으로 살 수 없다. 이것들은 마음을 잘 관리하는 사람들이 누릴 수 있는 특권이다'라고 이야기합니다. 치열한 경쟁 속에 목표만 바라보며 '깃대 인생'을 살아가고 있는 현대인들, 특히 30~50대의 아버지들, 직장인들, 그리고 청소년들을 키우고 있는 부모님들께 이 책을 꼭 읽어 볼 것을 권합니다.

내 마음을 잘 알고, 다스리고 싶습니까? 그러면 반드시 이 책을 읽어 보십시오. 마음을 이해하게 될 것입니다. 어느덧 마음이 위로를 받고 따뜻해지고 뿌듯해지는 것을 느끼게 될 것입니다. 복잡한 마음에 관한 책을 이렇게 쉽게 읽을 수 있다니 정말 감사한 일입니다.

김성묵
두란노아버지학교운동본부 고문

"뿌리 깊은 나무처럼
살 수 있길"

나는 CGN TV에서 '편편한 북카페'라는 프로그램을 진행하고 있다. 이무석 박사님의 전작 《나를 사랑하게 하는 자존감》을 방송에서 소개하면서 그분께 깊은 감명을 받은 적이 있다. 이번에는 삶에 거대한 영향력을 미치는 '마음'이라는 주제로 책을 내셨다.

　인생을 살다 보면 크고 작은 난관에 부딪히는데 마음이 건강한 사람은 그 난관을 정면 돌파할 뿐만 아니라 설령 넘어지더라도 훌훌 털고 다시 일어난다. 반면 마음이 깨진 사람은 작은 난관에도 쉽게 넘어질 수 있으며 다시 일어나지 못하고 주저앉아 버릴 수 있다. 30년 이상 방송을 하고 있는 내게도 숱한 위기와 장애물이 있었다. 매 고비마다 '그래, 뭐든지 마음먹기에 달렸지' 하며 다시 일어설 수 있었다.

　이 책을 통해 새삼 마음의 중요성을 깨닫는 계기를 얻

었다. 내면의 깊은 소리에 관심이 없던 사람들이 마음에 귀를 기울이고 마음의 근력을 키우는 방법을 배워 가뭄이나 홍수가 나도 끄떡 없는, 뿌리 깊은 나무처럼 살 수 있기를 바란다.

이홍렬 방송인

"내 주치의 같은 책"

"우리의 현실은 보이지 않는 마음이 좌우한다." 이무석 박사님의 책들이 담고 있는 핵심 메시지다. 어린 시절부터 알게 모르게 생긴 마음의 상처를 방치해 두고 보이는 것을 좇아 살아 왔다면 이 책이 자신의 마음을 깊이 들여다보는 계기를 마련해 줄 것이다.

뿐만 아니라 이무석 박사님이 책을 통해 따뜻한 어투로 나의 상황을 다 아는 것처럼 공감해 주며 치유의 길을 제시해 주고 있어 마치 내 주치의 같은 느낌까지 든다.

'마음'은 어떤 상황에서도 흔들리지 않고 하나님이 주신 달란트를 최대한 발휘하게 하는 열쇠다. 이 책을 통해 독자들은 마음에 대한 새로운 관점을 갖고 지금 모습 그대로를 받아들이며 훨씬 행복한 삶을 살 수 있으리라 확신한다.

박성민 한국대학생선교회(CCC) 대표

Part 1

마음이 무엇인지
모르고 살아온
강군 가족 이야기

Part 2

당신은
딴 다리 긁고 있다
: 마음이 문제다

Part 4

마음은
필사적이다

: 상처를 피하려고 벌이는 몸부림

- 의식이 감당 못 하는 것을 없는 것처럼 만드는 '부정'

- 금지된 것을 허용된 것으로 바꾸는 '상징화'

- 약점을 보충하기 위해 취하는 노력, '보상'

- 고통스러운 감정을 비의식으로 보내는 '격리'

- 덜 힘들던 어린 시절로 돌아가는 '퇴행'

- 고통을 참지 못해 다른 사람이 되는 '해리'

- 마음이 아프다고 알려 주는 '신체화'

- 상대방의 공격을 원천봉쇄하는 '유머'

- 이룰 수 없는 욕망을 타인에게 이루게 하는 '이타주의'

- 세상을 적군과 아군으로 나누는 '분리'

- 도덕적으로 어긋나지 않는 방법으로 욕구를 충족시키는 '승화'

방어기제는 근본적인 해결책이 아니다

Part 5

마음은
아이와 같다

: 사랑으로 돌봐 주어야 한다

마음에게 보내는 편지

나이 지긋한 의사가 있었다. 박사님이고 명성도 높은 분이었다. 어느 날 그가 나에게 이런 고백을 했다.

"제 마음은 미풍에도 떠는 나뭇잎 같습니다. 멀리서 보기에는 푸르고 싱싱해 보이지만 작은 바람에도 파르르 몸을 떠는 나뭇잎 같습니다. 전화를 걸기 전에도 저는 여러 번 망설입니다. 상대방이 제 전화를 귀찮아할 것 같아서 불안하기 때문입니다. 전화기 너머 들려오는 친구의 반응을 제 마음이 탐색합니다. 작은 곤충처럼 촉각을 곤두세우고… 조금이라도 귀찮아하는 눈치가 보이면 서둘러 전화를 끊어야 합니다. 전화를 끊고도 마치 큰 폐라도 끼친 것처럼 마음이 불안합니다. 그럴 일도 없는데 말이지요. 출근할 때 시선을 주지 않는 아내의 태도도 마음을 흔들어 놓습니다. 퉁명스러운 택시기사의 어투, 따지듯이 이야기하는 간호사도 제 마음을 나뭇잎처럼 떨게 만듭니다. 제가 이렇게 여린 것을 아는 사람은 아무도 없습니다. 그러나 마음속으로 저는 떨고 있습니다. 저도 이런 제 마음이 짜증나고 때로는 안쓰럽습니다. 이제 좀 편해지고 싶습니다. 얼마나 더 나이를 먹어야 마음이 자라서 어지간한 소리에는 끄떡도 하지 않는 강심장이 될까요? 마음 놓고 전화도 할 수 있고 말이지요."

이렇게 마음 졸이며 사는 사람들이 많다. 믿기지 않겠지만 성공적인 인생을 사는 사람들 중에도 이런 분들이 많다. '남에게 폐를 끼칠까봐', '남의 마음을 아프게 할까봐' 노심초사하는 사람들이다. 자기처럼 남들도 그렇게 쉽게 상처받는다고 생각한다. 투사의 심리다. 때로 '남에게 자신의 결점이 노출될까봐' 두려워하는 분들도 많다. 자신에게 완벽을 요구하는 사람들은 완벽하지 못한 자신에게 실망한다. 늘 마음을 놓지 못하고 조마조마 살아간다. 그러나 마음의 현실(psychological reality)은 매우 주관적이어서 남이 도와줄 수 없다. 스스로 책임질 수밖에 없다.

마음도 잘 살펴 주지 않으면 상처받는다

작년에 나는 30년 정신과 교수 생활을 마치고 정년 퇴임을 했다. 나는 오래전부터 마음에 대한 책을 쓰고 싶었다. 정신의학을 연구하면서 마음의 신비로움을 발견할 때마다 이걸 누군가와 함께 나누고 싶었다. 일과 성공에 몰두하며 마음을 혹사시키는 사람들에게 "마음도 잘 살펴 주지 않으면 상처받는다"는 사실을 알려 주고 싶었다. 마음이 병든 사람들을 치료하면서 '조금만 더 마음의 소리에 귀를 기울였더라면 이 고생을 하지 않아도 되었을 텐데…' 하며 안타까워했다. 그런 사람들에게 '마음 관리'에 대해서 말해 주고 싶었다. 그래서 이 책을 썼다.

이 책은 크게 다섯 부분으로 되어 있다. 우선 마음이 무엇인지 모르고 살다가 큰 위기를 맞은 강군의 가족 이야기로 시작한다. 2부에서는 '마음이란 무엇인가?'를 주제로 플라세보 효과를 비롯해 마음의 신비에 대해서 썼다. 3부는 '마음도 상처받기 쉽다'로 분노, 상실감, 시기심, 죄책감 등 마음을 아프게 하는 감정들을 소개했다. 4부에는 '마음이 마음을 어떻게 보호하는가'를 주제로 상처를 피하기 위해 마음이 필사적으로 벌이는 몸부림, 방어기제를 다루었다. 방어기제란 단어는 낯설어도 그 내용을 읽어 보면 우리 모두 다 일상에서 사용하고 있는 것들이다. 마지막 5부에선 마음을 관리하는 법에 대해서 썼다. 특히 정신 에너지 관리를 조명해 보았는데, 정신 에너지를 공급해 주는 잠에 대해 썼다. '잠을 잘 자야 하는 진짜이유'와 '어떻게 하면 잠을 더 잘 잘 수 있는가?' 그리고 정신 에너지를 소모시키는 스트레스 처리 방법에 대해서도 썼다.

마음은 어려운 수학 문제같이 복잡하다

나는 이 책을 쓸 때 인상적인 꿈을 꾸었다. 꿈속에서 나는 대학생이었다. 시험을 보는데 수학 문제를 전혀 풀 수 없었다. 다른 애들은 답을 잘도 쓰고 있었다. 마음이 초조했고 부끄럽기도 했다. 더구나 수학 교수가 L박사였다. 나는 재시험을 보기로 마음먹고 백지로 시험지를 제출했다. 시험이 끝나고 걱정이 몰려들었다. 무능하고 못난 모습을 L박사에게 보여 드린 것이 가장 부끄럽고 괴로웠다. 시험을 통과하지 못하면 유급을 당하는데 이런 낭패가 없었다.

꿈속에서 수학은 너무 어려웠다. 나는 기초 지식이 거의 바닥 수준이었다. 아무리 궁리해 봐도 시험을 통과할 자신이 없었다. 'L박사님께 개인적으로 찾아가 학점을 달라고 부탁해 볼까?' 이런 생각도 했으나 차마 그럴 수 없었다. 그건 너무나 창피한 부탁일 것 같았다. 또 꿈속에서 복잡한 장면들을 보았지만 잘 기억이 나지 않았다. 복잡한 건물 내부를 헤매고 다니다가 수술실 같은 곳에 도달했던 것도 같다.

꿈에서 깨어난 나는 이 모든 일이 꿈이었다는 사실을

알고 안심했다. '현실이 아니었구나. 꿈이었구나.' 그리고 떠오른 생각은 거의 탈고를 마친 이 책이었다. 내 무의식(비의식)은 이 책의 주제인 '마음'을 '어려운 수학 문제'로 보고 있었다. 나에게 마음은 아무리 공부해도 풀리지 않는 수학 문제였다.

학창 시절 가장 어려웠던 과목이 수학이었다. 문제가 풀릴 때 느끼는 재미도 있지만 전체적으로 수학은 어려웠다. 꿈속에서 수학의 낙제생이었던 것처럼 나는 마음에 관한 한 낙제생이었다. 평생 마음 공부를 했고 정신분석을 공부했지만 내 비의식은 내 지식을 인정해 주지 않고 있었다. '꿈에 왜 L박사님이 나오셨을까?' L박사는 평소 존경하는 분이고 내가 쓴 마음 시리즈의 첫 책《30년 만의 휴식》의 추천사도 써 주셨다. 또 당신 스스로도 많은 베스트셀러를 갖고 계신 분이다. 꿈꾸기 전날 나는 이 분의 소식을 아내에게 들었다.

"TV에 나오신 L박사님의 모습이 청년 같았어요."

L박사가 꿈에 등장한 것은 내 자아가 베스트셀러 작가이자 내 책의 추천사를 써주신 L박사를 꿈의 재료로 썼기 때문이다. 내 꿈은 내가 마음에 대해서 얼마나 무식한지 알려 주고 있었다. 나는 부끄럽고 절망적인 낙제생이었

다. 전문가라고 자처하고 있지만 정직하게 평가하자면 낙
제생이었다.

"마음아, 미안하다"

마음은 정말 깊고 넓다. 두려울 정도다. 엄청난 위력을
발휘하고 있다. 특히 비의식의 세계는 접근할수록 신
비롭다. 그래서 그 누구도 마음에 대해 알 만큼 안다고
장담할 수가 없다. 겸허하게 그리고 정직하게 마음으
로 경험한 것을 인정할 뿐이다. 이런 마음으로 이 책을
세상에 내놓는다.

　이 책을 통해 독자들이 마음의 소리에 귀를 기울이는
계기가 됐으면 좋겠다. 자신에게 이렇게 말할 수 있었으
면 좋겠다. '마음아, 미안하다. 내가 그동안 너에게 너무
무리한 요구를 했지? 이제는 안심해. 완벽하지 않아도 괜
찮아.' 그리고 마음이 가벼워졌으면 좋겠다. 살기가 편해
졌으면 좋겠어. 바짓가랑이에 찼던 무거운 모래주머니를
벗어던지고 달릴 때처럼….

40여 년간 공부한 마음이라는 주제를 한 권의 책으로 정리하는 작업은 쉽지 않은 일이었다. 비전과리더십 출판부에서 가닥을 시원하게 추려 주어서 일하기가 편했다. 아내 문광자의 든든한 격려도 내가 마음잡고 집필하는 데 큰 도움이 되었다. 책을 읽기 쉽고 예쁘게 만들어 준 출판부에도 감사의 말씀을 드리고 싶다. 이렇게 고마운 분들 덕분에 은퇴한 지금도 내 마음은 봄처럼 따뜻하다.

2011년 5월

정신분석연구소에서

이무석

마음이 무엇인지
모르고 살아온
강군 가족 이야기

마음의 공허함을
폭식으로 달랜 강군

"스트레스 받는 거 없어요. 불만 같은 것도 없어요. 다 좋아요. 아무 문제없어요."

강군은 열다섯 살이었다. 갑작스러운 폭식으로 두 달 만에 체중이 20kg이나 불었다. 그러고도 왜 자신이 정신과 의사와 면담을 해야 하는지 이유를 모르겠다고 했다.

"배가 고파서 먹는 게 뭐가 문제예요?"

강군은 자기는 아무 문제없는데 괜히 어른들이 오버한다고 불평했다. 그러나 어머니의 얘기는 달랐다. 먹어도 엄청나게 먹는다는 것이다. 콜라 한 병에 피자 두 판을 먹고 통닭 한 마리에 샌드위치, 밀크셰이크에 도넛 다섯 개… 장소를 바꿔 가며 먹다가 먹을 수 없을 만큼 배가 차면 화장실에 가서 토하고 다시 먹기 시작한다고 했다.

강군은 미국 유학 중이었다. 이모 댁에서 학교를 다니고 있었다. 이모도 처음에는 한창 성장기라서 많이 먹는다고 생각했다. 그러나 이건 도가 지나쳤다. 자제를 시켰더니 더 먹어 댔다. 덜컥 겁이 난 이모가 언니에게 연락했고 강군의 어머니는 아들을 한국으로 불러들였다. 그렇게 하여 강군은 미국에 간 지 3년 만에 심리 치료를 받기 위해 한국으로 왔다.

"인간은 때로 마음이 괴로울 때 몸을 통해서 '나 힘들어요'라고 말할 때가 있다네. 마음이 공허할 때 음식이 당기기도 하고…." 치료자의 말을 듣고 강군이 마음을 열고 자기 이야기를 털어놓기 시작했다. 폭식 증상이 나타난 때는 시기적으로 부모님이 한창 이혼 수속을 밟고 있을 즈음이었다. 어머니와 이모가 주고받는 전화 통화 내용을 듣고 강군은 심상치 않다는 것을 알아챘다. '두 분이 갈라서면 나는 어디로 가나?' 불안했지만 내색하지 않았다. 무서운 사실을 확인하는 것이 두려웠기 때문이다. 평소 강군은 두려울 때면 공부에 열중하거나 다른 일에 몰두하는 버릇이 있었다. 두려움을 잊을 수 있기 때문이었다.

그런데 이번에는 공부에 집중할 수가 없었다. 그러다가 먹기 시작했다. 음식을 먹으면 마음이 좀 진정되는 것 같았다. 그러나 문제는 먹고 또 먹어도 배부른 느낌이 없다는 것이었다. 오히려 뱃속이 텅 빈 듯 허기가 느껴졌다. '이러면 안 돼, 그만 먹어야 해.' 자제하면 할수록 손은 이미 음식으로 가고 있었다.

강군의 폭식증은 부모의 이혼과 관련된 불안함 때문인 것 같았다. 가정의 붕괴와 상실감에 대한 두려움이 원인이었던 것이다. 상실감은 심리적인 것이지만 강군은 그 허전함을 육체의 배고픔으로 바꿔 놓고 있었다. 심리적인 상실감은 채우기 어렵지만 육체적인 허기는 음식으로 쉽게 채울 수 있기 때문이다. 이는 우울증이나 공허감을 느끼는 사람들이 흔히 사용하는 자기 위로 방법이다. 여기에 강군 특유의 불안 처리 방식인 '몰두하기'도 폭식증에 일조하고 있었다. 음식에 몰두하는 동안 부모의 이혼이나 상실감에 신경 쓰지 않아도 됐다. 그러나 강군의 폭식증은 더 많은 숨은 이야기를 가지고 있었다.

존경의 대상이면서
두려움의 대상이기도 한 아버지

강군은 착했고 부모를 기쁘게 하는 아들이었다. 단 한 번
도 어머니의 말을 거역해 본 적이 없었다. 그건 아버지에
게도 마찬가지였다. 어릴 때부터 뭘 사달라고 요구하거
나 떼를 써 본 일이 없었다. 모든 일을 혼자 알아서 잘했
고 순종하는 아들이었다. 강군은 화를 내 본 기억도 없다.
사람들에게 호감을 주는 사람이었고 항상 칭찬을 들었다.
치료자도 강군과 이야기를 나누는 것이 즐거웠다. 공부도
늘 1등급이었다. 어릴 때부터 배운 외국어 실력은 수준급
이었다. 열다섯 나이에 영어뿐 아니라 일어, 중국어에도
능통한 재원이었다.

   하지만 강군은 늘 외롭고 우울했다. 미국에서 생활하며
친밀한 관계를 맺고 있는 친구가 없었다. 그렇다고 집단
따돌림을 당하거나 외톨이는 아니었지만 사람들과 섞이
는 일을 피곤해했다. 시간 낭비라는 생각도 했다. 강군과
사귀고 싶어서 먼저 다가오거나 호감을 보이며 행사 때마
다 챙겨 주는 친구들도 있었지만 되도록 혼자 있는 쪽을
택했다. 친구들과 어울리는 것보다 혼자서 책을 읽거나

공부하는 편이 편했다. 외로울 때는 '나는 친구를 사귀기 위해 미국에 온 것이 아니다. 공부하기 위해 왔다'고 자신을 다그쳤다. 그런 독한 결심으로 공부한 덕분에 성적은 언제나 상위권이었다.

강군의 희망은 반기문 같은 유엔 사무총장이 되는 것이었다. 그래서 세계적으로 인정받는 사람이 되고 싶다고 했다. 사실 빌 게이츠 같은 사람도 되고 싶었는데 아무리 생각해도 자신은 인문계 쪽이 맞을 것 같아서 목표를 바꾸었다고 했다. "후세에 누군가 제 이야기를 위인전으로 쓸 거예요"라고 했다. 굉장히 자기도취적인 이야기였지만 왠지 모르게 공허하고 책을 읽고 있는 듯한 느낌이었다.

알고 보니 강군은 아버지의 이야기를 읊은 것이었다. 반기문 같은 유엔 사무총장 되고 싶은 희망은 아버지의 어릴 적 꿈이었다. 강군이 어렸을 때부터 아버지는 늘 이렇게 말했다. "남자로 한번 태어났으면 빌 게이츠처럼 갑부가 되든가, 반기문 총장처럼 세계의 주목을 받으며 영향력 있는 인물이 되어야 한다." 강군은 아버지를 존경한다고 했다. "아버지는 대~단한 분이에요"라고 말하는 그의 태도에서 아버지의 엄청난 무게를 느낄 수 있었다. "아버지는 신문에도 나고 부하직원들도 많아요."

강군에게 아버지는 존경의 대상이었지만 두려움의 대상이기도 했다. 어렸을 때는 언제나 활기차고 열정적인 아버지가 자랑스러웠다. 다들 아버지를 칭송했다. 아버지처럼 그렇게 빨리 승진하기가 쉬운 일이 아니라고 했다. 아버지의 기사가 경제 신문에까지 실리자, 어린 강군은 아버지가 더욱 대단해 보였다.

아버지는 강군이 어렸을 때부터 교육에 신경을 많이 썼다. 한글도 떼기 전에 영어는 물론 일어, 중국어까지 배우게 했다. 강군은 지금 자신의 외국어 실력은 아버지의 교육열 덕분이라고 고마워했다.

그리움은 미움이, 두려움이 되었다

아버지에 대한 강군의 감정이 좋은 것만은 아니었다. 원망의 마음도 컸지만 두려워서 숨기고 있었다. 치료자가 "강군은 아버지를 생각하면 가장 먼저 무슨 생각이 떠오르나요?"라고 물었다. 정신치료를 할 때 흔히 묻는 질문이었다.

강군은 아버지에게는 죄송한 말이지만 '조련사'와 '수족관'이 떠오른다고 했다. 개를 훈련시키는 조련사는 비정하다. 자기 기준에 도달할 때까지 개를 가혹하게 훈련시킨다. 그리고 말을 잘 들으면 먹이를 준다. 강군의 아버지도 그랬다. 아버지는 애정 표현을 돈으로 하셨다. 강군은 다정한 칭찬의 말을 기대했지만 아버지는 조련사가 먹이를 던져 주듯 돈만 던져 주셨다. 그리고 자기 기분에 맞지 않으면 용돈을 깎으셨다. 실망스럽고 자존심 상할 때도 많았다. 그리고 아버지는 늘 바쁘셨다. 아버지가 필요할 때마다 번번이 안 계셨다. 졸업식장에도 생일 파티에도 아버지는 계시지 않았다.

초등학교 저학년 때 덩치가 산만한 사촌 형에게 피터지게 맞고 억울해서 달려가 호소했을 때도 아버지는 오히려 강군의 나약함을 질책했다. "그렇게 약해 가지고는 늘 얻어터지며 살 수밖에 없어. 난 그런 나약한 애들은 꼴도 보기 싫다"고 하셨다. 한술 더 떠 매일 아침 집 앞 학교 운동장을 열 바퀴씩 뛰게 하셨다. 합기도 도장에도 다녀야 했다. 강군은 아버지에게 인정받기 위해서 강해져야 했다. 그래서 절대 울지 않기로 결심했다. 실제로 그 후 강군은 한 번도 눈물을 보인 일이 없었다.

아버지의 성공 그래프가 올라갈수록 아버지를 향한 아들의 그리움과 좌절 지수도 올라갔다. 바쁜 아버지에게 관심을 받아 보지 못한 아들의 그리움은 미움이 되었고 이어서 두려움이 되기도 했다. 아버지에 대한 감정이 매우 복잡해졌다. '아버지는 바쁘시니까. 내가 이해해야 해.' 이렇게 마음을 다스렸다고 했다. 아버지는 자신이 성공만을 위하여 살았던 것처럼 자식에게도 성공을 강요했다. 강군의 입장에서 아버지에게 인정받으려면 최고의 명품

아들이 되어야 했다. 아버지의 수족관의 물고기처럼 자랑스러운 아들이어야 했다. 그래서 전교 1등도 했고 영어웅변대회에서 전국 1등도 했다. 아버지가 기뻐하실 일이라면 무엇이든 다했다. 아버지가 원하셨기 때문에 어린 나이에 미국 유학도 떠났다.

그러나 아버지는 칭찬에 인색하셨다. 전교 1등을 해도 "자만하지 마라. 너보다 뛰어난 애들이 수없이 많다"며 다그치셨다. 어쩌다 성적이 떨어지면 아버지는 한심하다는 어투로 "이건 정말 내 아들답지 않구나. 실망이다"라고 했다. 그러고는 시선도 주지 않고 서재로 들어가 버리셨다. 강군은 등골이 서늘했고 죄송해서 숨도 쉬기 어려웠다고 했다. 아버지를 실망시키는 일은 죽기보다 더 두려운 일이었다. 그래서 다른 애들처럼 놀고 싶어도 놀 수 없었고 요구할 것이 있어도 말할 수 없었다.

그렇게 어느 날부터인지 모르지만 강군은 부모님에게 '착한 아들'이 되어 있었다. 외로워도 억울해도 표현하지 않고 숨기는 착한 아들이었다. 모든 욕구는 금지되었고 참고 또 참는 것만이 살 길이었다. '애늙은이'였다. 그러다 폭식증이 터졌다. 제방이 무너지듯 식욕이 봇물처럼 터져 나왔다. 자기 조절(self control) 능력이 무너져 버린 것이다.

먹어도 먹어도 뱃속에 허기진 거지가 살고 있는 것처럼 배가 부르지 않았다. 체중은 불어서 조금만 움직여도 숨이 찼다. 거울 속에 비친 뚱뚱한 자신의 모습이 혐오스러웠다. 아버지의 수족관에 살고 있던 예쁜 물고기가 뚱뚱이 물고기로 변한 것 같았다. 귀국하라는 어머니의 전화를 받고 가장 두려웠던 것은 아버지에게 뚱보가 된 자신의 모습을 보여 드리는 것이었다.

여기까지 이야기한 강군은 조심스럽게 물었다. "우리 부모님 이혼하세요?" 금방이라도 울 것 같은 표정이었다. 그리고 이어서 불안한 눈빛으로 뜻밖의 질문을 던졌다. "저 때문이죠?" 질문이라기보다 확신에 가까운 자조였다. 치료자가 왜 그렇게 생각하냐고 묻자 대답하지 않았다. 대신 "죄송하지만 뭐 좀 먹고 나서 계속하면 안 될까요?" 하며 배고픔을 호소했다. 부모의 이혼 이야기 끝에 배고픔을 호소하는 것이 뭔가 의미 있어 보였다. 허기 때문인지 강군은 좀 안절부절못하는 것 같았다. 다음 약속 시간을 정하고 치료를 끝냈다.

지고는 못사는
강군의 아버지

강군의 아버지는 강군이 부모님의 이혼을 자신 때문이라고 생각한다고 하자 그럴 리가 없다며 믿으려 하지 않았다. "비록 회사일 때문에 아이와 시간을 자주 갖지는 못했지만 그래도 아이에게 최선을 다했습니다"라며 변명하듯 말했다. 강군의 아버지는 40대 중반이었고 300여 명의 직원을 거느린 기업의 이사였다. 소위 성공가도를 달리고 있는 직장인이었다. 말단 직원으로 입사, 15년 만에 이사가 된 그의 화려한 이력은 직장인들의 부러움의 대상이었다. 그의 재능과 열정을 짐작할 수 있었다.

회사 이야기를 할 때 그의 눈빛은 아들 이야기할 때와 달리 빛이 났다. 회사가 자신을 얼마나 필요로 하는지, 그가 회사에서 얼마나 많은 업적을 쌓았는지 그리고 얼마나 유능하고 뛰어난 이사인지에 대해 이야기했다. 그의 정신세계는 온통 회사로 가득 차 있는 듯했다. 그의 말을 들으면서 치료자는 코카콜라 사장의 말이 생각났다. "내 혈관에는 피가 아니라 코카콜라가 흐른다." 그의 혈관에는 회사가 흐르는 듯했다. 주말도 없고 휴가도 없었다. 취미도 없었다. 골프는 즐기기 위한 운동이 아니고 업무용이었다.

더구나 승부욕이 강해서 패배를 견디지 못했다. 게임에서 지면 화가 나고 비참한 기분이 들어서 참기 힘들다고 했다. 그래서 이길 때까지 게임을 해야 했다. 인생에 지는 게임도 있는 법인데 자기는 지고는 못 사는 성격이라고 했다. 그가 하도 무섭게 물고 늘어져서 게임하기를 기피하는 친구들도 있다고 했다. 치료자가 그에게 가장 큰 스트레스가 무엇이냐고 묻자 그는 주저하지 않고 '잉여 인간'이라고 대답했다.

"월급만 축내는 무능하고 게으른 직원들 말입니다. 그런 인간들을 보면 속에서 분노가 끓어오릅니다. 힘든 일 싫어하는 거야 어떻게 이해를 해보겠습니다만 그래도 맡은 일은 해야 되지 않겠습니까? 시키는 일도 제대로 못하면서 상여금 타령만 합니다. 게다가 일 좀 가르쳐 놓으면 월급 많이 준다는 회사로 훌쩍 떠나가 버립니다. 도대체가 책임 의식도 없고, 윤리 의식도 없고, 능력 없는 주제에 뻔뻔하기까지 한 직원들이 제게는 가장 큰 스트레스입니다. 하지만 어떡하겠습니까? 참아야죠. 윗사람 노릇하기가 이래서 힘든 거죠."

잉여인간이 안되려고
죽을 힘을 다해 산다

이 말을 들으며 치료자는 그가 얼마나 힘겨운 삶을 살고 있는지 이해할 것 같았다. 그는 무능한 사람들을 '잉여 인간' 취급하며 혐오했다. 이것은 주위 사람들을 평가하는 기준일 뿐만 아니라 자신과 가족에게도 적용되었다. 아들 강군의 이야기가 이해되었다. 강군도 아버지가 싫어하는 잉여 인간이 되지 않기 위해서 죽을 힘을 다해 살았을 것이다. 강군의 아버지는 인생을 전쟁하듯 살고 있었다. 승전국과 패전국… 전쟁에서는 무조건 이겨야 한다. 그런데 무능한 사람은 패배자가 된다. 패배자는 모든 것을 착취당하고 굴욕을 견디며 살아야 한다.

상상만 해도 끔찍한 상황이다. 이런 패배가 두려워서 그는 힘이 필요했다. 높은 자리에도 올라가야 했다. 상대를 발아래 굴복시켜야 비로소 안심할 수 있다. 전쟁을 치르는 사람은 휴가를 즐길 수 없다. 사느냐 죽느냐 하는 판에 취미를 즐길 시간이 어디 있겠는가? 그가 휴가나 취미 생활을 누리지 못하는 이유를 알 것 같았다.

내면세계에서 그는 삭막하고 살벌한 전쟁터에서 홀로 악전고투하는 군인이었다. 사회적으로 출세했고 부러울 것 없는 위치에 올라섰지만 마음의 현실은 춥고 외롭고 불안할 것 같았다. 아니나 다를까, 그는 벌써 수년째 불면증에 시달린다고 했다. 남몰래 수면제를 복용하고 있었다. 수면제를 먹을 때마다 자존심이 상했지만 다음날 할 일을 생각하면 잠을 자 둬야 했다. 한번은 수면제 과다 복용으로 응급실에 실려 간 적도 있었다.

회사에서는 그가 자살기도를 했다고 소문이 났다. 그는 "다만 잠을 푹 자고 싶어서 먹었을 뿐입니다"라며 펄펄 뛰었다. 그러나 성격이 주도면밀한 그가 그렇게 많은 수면제를 한꺼번에 삼켜 버린 것은 스스로도 이해하기 어려운 미스터리였다. 치료자가 추측건대 지치고 힘든 그의 마음이 이제는 모든 것을 놓고 쉬고 싶어한 것 같았다.

이즈음에서 그는 마음의 소리에 귀를 기울였어야 했다. 전쟁을 멈추고 마음에게 평화와 휴식을 주었어야 했다. 자기 마음만이 아니라 외아들 강군의 마음의 소리도 들었어야 했다. 그랬더라면 사춘기 아들이 폭식증으로 학업을 중단하고 귀국하는 일은 없었을 것이다. 아내의 마음의 소리에도 귀를 기울였어야 했다. 그랬더라면 15년을 살아온 부인의 입에서 극한적인 말과 이혼 이야기도 나오지 않았을 것이다. 그는 회사에서는 성공했으나 인생에서는 실패한 사람이었다.

'나는 절대 아버지처럼 무능한 인간이 되지 않을 거야'

강군의 아버지가 이렇게 된 데는 나름의 이유가 있었다. 그의 아버지는 그와 정반대로 나약하고 소극적인 분이었다. 부잣집 맏아들로 태어나 많은 재산을 상속 받았지만 지키지 못했다. 집안의 재산 싸움이 치열했는데 어머니(강군의 할머니)는 시누이들에게 폭행도 당했다. 강군의 아버지는 어릴 때 어머니가 고모들에게 맞고 피투성이가 되어

질질 끌려 다니던 모습을 기억하고 있었다.

울부짖는 어머니를 어린 그는 보호해 줄 수 없었다. 그런데 어린 그가 참을 수 없었던 것은 아버지의 비겁한 태도였다. 날뛰는 여동생들에게 말 한마디 못하고 피하기만 하더니 결국 재산을 다 넘겨주고 말았다. 무능한 아버지 때문에 집안은 지독한 가난에 허덕여야 했다. 춥고 배고픈 날들이었다.

부잣집 딸로 커서 고생이라고는 모르던 어머니는 아버지를 대신해 가족을 먹여 살리느라 식모살이도 하고 시장에서 장사도 하셨다. 고생하는 어머니 때문에 강군의 아버지는 어릴 때 많이 울었다. 어머니는 평생 남편의 무능을 증오하다가 돌아가셨다. 강군의 아버지도 무능한 아버지가 미웠다. 어머니가 불쌍하고 어머니에게 죄송할수록 원인을 제공한 아버지가 미웠다. 그리고 무능이 두려웠다. '나는 절대로, 절대로 아버지처럼 무능한 인간이 되지 않겠다.' 강군 아버지의 말을 들으며 치료자는 그의 삶이 이해되었다.

그의 내면세계에는 유년기에 상처받은 아이가 살고 있는 것 같았다. 나약하기 때문에 폭행당하고 착취당하는 부모를 보면서 억울해하는 아이가 살고 있는 듯했다. 나약해지면 패잔병이 되는 것이다. 모든 특권을 빼앗기고 지독한 가난과 굴욕을 당해야 한다. 그래서 마음속의 아이는 약해질 수가 없었다. 사나운 공격자인 고모에게 저항하지 못하고 폭행당하던 어머니의 기억이 그를 비의식에서 지배하고 있었다. 가해자와 피해자의 관계이며 승전국과 패전국의 관계였다. 나약하면 먹히는 것이다. 그래서 그는 아버지처럼 약해지는 것을 필사적으로 거부했다. 반대로 강한 남자가 되기로 결심했다.

정신분석에서는 이런 심리를 역동일화(counter identification)라고 한다. 중요한 대상과 반대되는 특성을 닮는 것이다. 그에게 회사는 전쟁터였다. 전리품과 힘을 확인하는 전쟁터인 회사에서 그는 기필코 승진해야 했다. 힘 있는 자리를 확보하지 못하면 초조하고 불안했다. 그래서 필요 이상으로 긴장하고 회사 일에 집착하게 된 것이다. 덕분에 출세는 했지만 그 대신 잃은 것이 너무 많았다.

가장 큰 희생자는 자기 자신이었다. 휴식도, 자유로움도, 행복감도 느낄 수 없었다. 마음의 소리에 귀를 기울이지 않았기 때문에 내적 현실이 얼마나 삭막한지를 깨닫지 못했다. 아들 강군도 그의 내적 싸움의 희생자 중 한 사람이었다. 그가 힘에 최고의 가치를 두고 있었기 때문에 아들은 아이다운 감정을 표현하지 못했다. 슬퍼하는 것은 계집애같이 나약한 애들이나 하는 짓이라고 생각했기 때문이다. 서슬이 퍼렇고 항상 긴장하고 바쁘기만 한 아버지에게 사랑 타령은 가당치 않은 어리광이었다.

강군은 아버지가 좋아하실 일을 해 놓고 칭찬을 기대하며 멀리서 눈치만 살폈다. 그러나 번번이 기대는 실망으로 돌아왔다. 섭섭할 때도 많았지만 그래도 아버지가 좋았다. 다른 애들처럼 아버지와 같이 여행도 다니고 음악회도 가고 싶었다. 꿈속에서는 어릴 때 아버지와 캠핑 갔던 숲이 자꾸 보였다. 강군은 아버지 수족관의 예쁜 물고기였다. 답답하고 외로운 물고기였다. 그러나 강군의 아버지에게는 이런 아들의 마음이 보이지 않았다.

다 자기 잘못이라고
자책하는 강군의 어머니

강군의 어머니는 아들 걱정에 풀이 죽어 있었다. 아들이
저렇게 된 것은 다 자기 잘못이라고 자책했다. 어린 나이
에 미국 유학을 보낸 것도 자기 잘못이라고 했다. 남편이
유학을 주장할 때 강력하게 반대했어야 하는데 그러지
못한 것이 후회된다고 했다. 아들이 나이에 비해서 의젓
했고, 아버지가 유학 얘기를 꺼내자마자 선뜻 가겠다고
자원하는 바람에 보내긴 했지만 어머니는 '어린 것이 남
의 나라 땅에서 얼마나 외로울까' 하며 늘 안쓰러웠다고
했다.

어머니가 보기에 강군은 늘 기쁨을 주는 아이였지만 너
무 내성적이고 말이 없어서 도대체 무슨 생각을 하고 있
는지 알 수 없을 때가 많았다고 했다. 가끔 떼도 쓰고 응

석도 부렸으면 좋겠는데 도통 그러지 않았다고 했다. 귀하고 고마운 아들이었지만 왠지 늘 미안한 마음이 들었다고 했다. 남편이 아들에게 너무 군대식 복종을 요구하는 것도 원인 중 하나일 것이라고 했다.

강군의 어머니는 남편에 대한 분노가 마음속에 쌓인 듯했지만 말을 아꼈다. 남편에게서 벗어나 자기 시간을 가지려고 학원을 시작했는데 사업은 기대 이상으로 잘 됐지만 아들에게 신경 써 주지 못한 것이 못내 마음에 걸린다고 했다. 어머니는 강군의 아버지에 비해서 다정하고 친근감을 주는 분이었다. 남편의 성격을 견딜 수 없어서 이혼을 결심했지만 아들 문제가 터지자 자신들의 일은 처리할 경황이 없다고 했다.

소통의 길을 열어 준
가족치료 시간

강군과 어머니, 아버지 그리고 치료자가 한자리에 앉았
다. 가족치료(family therapy)란 가족끼리 서로 간에 하고 싶
었던 말을 충분히 하게 해서 치료하는 방법이다. 가족 간
에 의사소통의 길이 막힐 때 가족 중 한 사람에게서 정신
질환이 발병한다. 소통의 길을 열어 주면 환자의 병이 낫
는다.

강군의 아버지가 먼저 말문을 열었다. 그는 빠르고 강
한 어투로 단정적으로 이야기했다. 폭식증은 그렇게 심각
한 것이 아니고 사춘기의 일시적 현상이라는 점을 강조하
고 주장했다. 또 의지의 문제이고 마음먹기에 달린 것이
니 강한 의지력을 키우라고 말했다. 자신도 지금까지 살
면서 참으로 어려운 고비를 의지력 하나로 버티며 살아왔

다고 이야기했다. 그리고 부모의 이혼 문제는 어른들 문제이고 결론이 난 것도 아니니 강군은 신경 쓰지 말고 공부나 열심히 하라고 했다.

강군은 고개를 숙인 채 듣고만 있었다. 죄인처럼 기가 죽어 있었다. 그때 강군의 어머니가 남편을 제지했다. "당신 얘기는 이제 그만 좀 해요. 아이 얘기를 들어 봅시다." 강군은 할 말이 없다는 듯이 발끝만 내려다보고 있었다. 침묵이 흘렀다.

치료자는 강군에게 그동안 살아오면서 가장 행복했을 때가 언제였냐고 물었다. 강군은 "엄마가 학원 열었을 때요"라고 대답했다. '이제는 엄마가 자기 일이 생겼으니 더 이상 외롭거나 심심하지 않겠구나' 싶어서 좋았다고 했다. 그리고 "사실 그때처럼 엄마가 환하게 웃은 적이 없었거든요"라고 했다. 그런데 한 가지 걸렸던 일은 엄마가 학원 일로 바빠지면서 늘 강군에게 미안해하셨다는 점이다. 어머니를 더 자유롭게 해 드리고 싶었다. 그것이 미국 유학을 가게 된 중요한 이유 중 하나였다. 강군의 말을 듣던 어머니는 소리 없이 눈물을 닦았다.

치료자는 강군에게 아버지가 강군을 위해서 어떻게 해 주기를 바라느냐고 물었다. 가족치료 시간에 치료자가 잘 묻는 질문이었다. "아버지에게 바라는 것 없어요. 용돈도 충분히 주시고 부족한 것이 없어요. 다만 아버지가 요즈음 잠을 못 주무시는 것 같아서 걱정이에요. 좀 더 쉬면서 건강도 돌보셨으면 좋겠어요."

강군의 아버지는 놀라는 것 같았다. 어린 아들이 자기 걱정을 해주는 것이 예상 밖이던 모양이었다. "내 걱정은 마라. 난 아무 문제없다"고 하는데 방금 전 기세등등한 목소리가 아니었다. 그때부터 강군은 많은 이야기를 털어놓았다. 특히 아버지와 함께 간 캠핑에 대한 기억, 폐렴으로 열이 높았을 때 한밤중에 급히 병원에 데려다 준 기억, 눈 오는 날 사진 찍어 준 기억 등을 이야기했다.

마음을 치료했더니 폭식증이 사라졌다

치료자가 "아버지한테 섭섭한 일은 없었느냐?"고 물었다. 눈치를 살피며 망설이던 강군은 초등학교 때 사촌 형에게 맞았던 일을 이야기했다. 억울하고 분해서 아버지한테 위로받고 싶었는데 오히려 나무라서 서러웠다고 말했다. 그러더니 곧이어 아버지에게 고마운 마음을 표현했다. "그러나 저는 늘 아버지에게 고마운 마음을 갖고 있어요. 영어, 일어, 중국어를 이만큼 할 수 있는 것도 다 아버지의 교육 덕분이라는 것을 알고 있어요."

치료자는 강군이 아버지에 대한 분노를 억압한다고 생각했다. 아버지에게 화났던 이야기를 한 뒤 아버지의 반응을 두려워하는 것 같았다. 그동안의 부자관계를 볼 때 충분히 이해가 됐다.

그런데 무슨 말끝에 강군은 "아버지한테 인정받는 자랑스러운 아들이 되고 싶었는데 결국 이런 꼴로 나타나서 죄송해요" 하더니 흐느껴 울기 시작했다. 서럽게, 서럽게… 너무 갑작스런 감정의 폭발이었다. 어머니도 따라 우셨다. 일순간에 진료실의 분위기가 변했다. 그때 강군의 아버지가 벌떡 일어나 밖으로 나가 버렸다.

잠시 후 아버지가 돌아왔을 때 눈이 젖어 있었다. 강군의 아버지는 아들의 이름을 부르며 용서를 빌었다. "넌 잘못한 것 없어. 오히려 내가 잘못했다. 아빠가 너를 너무 힘들게 했구나. 다 아빠의 욕심 때문이었다. 아빠는 네가 나약한 사람이 될까봐 걱정이 됐단다. 그래도 미안하다. 아빠를 용서해 다오." 강군은 울음을 터트렸고 아버지도 울었다. 자존심 세고 약한 모습 보이기를 두려워하는 아버지로서는 아주 이례적인 일이었을 것이다. 하지만 아버지는 진심으로 아들에게 미안해하는 것 같았다.

그때 강군이 조심스럽게 아버지의 손을 잡아 주었다. 마음과 마음이 통하고 감정이 이쪽에서 저쪽으로 흐르는 공감이 이루어지는 순간이었다. 늘 느끼는 것이지만 이런 순간은 정말 감동적이다.

강군의 가정에서 볼 수 있듯이 마음의 소통이 단절되면 마음에 병이 든다. 폭식증이나 비만도 마음의 병의 일종이다. 그러나 마음을 이해하고 마음이 통하면 병이 치료된다. 행복지수도 올라간다. 그래서 마음의 소리에 귀를 기울여야 하는 것이다.

그날 이후 강군의 아버지는 아들 덕에 자기가 다른 사람이 된 것 같다고 했다. 회사에서 화를 내지 않게 되었고 조급증이 없어졌다. 긴장할 일도 없어졌다. '좀 부족해도 괜찮아' 하고 스스로에게 말할 수 있게 되었다. 대인관계가 편하니 잠도 잘 와서 수면제도 끊었다. 아내에 대한 생각도 달라졌다. 착한 사람을 자기가 독사로 만들었다는 생각이 자꾸 들어 미안했다.

아내와 마주 앉아 강군의 폭식증 치료에 대해서 상의

하느라고 자주 대화하게 되었고 둘은 치료자를 만나러 올 때도 함께 왔다. 오고 가는 길에 두 사람은 차 속에서 여러 가지 대화를 나누었다. 결혼 15년 만에 처음 갖는 시간이었다. 그러면서 서로를 이해하게 되었고 어느 때보다 가까워졌다. 그리고 이혼할 이유가 없어지자, 이 사실에 안도한 강군에게서 폭식증이 사라졌다. 체중은 정상으로 돌아왔고 기분도 밝아졌다.

청소년 문제는 대개 부모의 문제 때문에 일어난다. 그래서 부모의 문제가 해결되면 드라마틱하게 좋아지는 경우를 많이 본다. 강군의 폭식증도 부모의 문제에서 기인한 것이었다. 부모가 화해하고 화목한 모습을 보이자 증상이 사라졌다. 그러나 정신분석의 입장에서 볼 때 강군의 무의식에는 아직 풀리지 않은 분노가 남아 있었다. 그것을 풀어야 했다. 하지만 강군은 다시 미국에 가서 복학하려는 계획을 세우고 있었다. 그래서 부모와 치료자는 강군의 학교가 있는 도시에서 좋은 분석가를 찾아보기로 했다.

　　마음이 무엇인지 모르고
　　　　　　살아온 강군 가족 이야기

　　　🌿　　인간은 마음이 괴로울 때 몸을 통해 '나 힘들어요'라고 말
한다. 열다섯 살의 강군은 갑작스러운 폭식으로 두 달 사이에 체중
이 20kg이나 불었다. 강군은 유학 중이었다. 이모 댁에서 학교를 다
니고 있었다. 이모도 처음에는 한창 성장기라서 많이 먹는다고 생각
했다. 그러나 이건 도가 지나쳤다. 덜컥 겁이 난 이모는 강군의 어머
니에게 연락했고 심리 치료를 받기 위해 강군은 한국으로 왔다. 강
군의 폭식증은 부모님의 이혼에 대한 불안과 관련이 있었다. 불안으
로 인한 심리적 상실감을 음식으로 채우고 있었다.

　　　✈　　강군이 아버지를 떠올릴 때 연상하는 것은 '조련사'와 '수
족관'이었다. 강군의 아버지는 40대 중반이었고 300여 명의 직원을
거느리고 있는 기업의 이사였다. 정신세계가 온통 회사로 가득 차
있는 강군의 아버지는 주말도 없고 휴가도 없으며 취미도 없었다.
그의 가장 큰 스트레스는 월급만 축내고 무능하고 게으른 '잉여 인
간'이었다. 강군의 아버지는 자신뿐 아니라 강군도 잉여인간으로 만
들지 않기 위해 죽을힘을 다해 살아왔다. 그는 인생을 전쟁하듯 살
고 있었다. 겉은 화려했지만 마음은 춥고 외롭고 불안했다. 그래서
벌써 수년째 수면제를 먹어야 잠을 잘 수 있었다.

강군과 어머니, 아버지가 강군의 폭식증 치료를 위해 한 자리에 모였다. 강군의 아버지가 먼저 빠르고 강한 어투로 단정적으로 말했다. 강군에게 폭식증은 의지에 달렸으니 마음을 단단히 먹으라고 했다. 강군이 죄인처럼 기가 죽어 듣고만 있을 때 치료자는 강군에게 아버지가 강군을 위해 어떻게 해주기를 바라느냐고 물었다. 강군은 "저는 아버지에게 바라는 것 없어요. 다만 아버지가 요즈음 잠을 못 주무시는 것 같아서 걱정이에요"라고 말하자 강군의 아버지가 놀랐다.

아들이 자기 걱정을 해주는 것을 듣자 강군 아버지는 자신의 걱정은 안 해도 된다고 얘기하면서도 그 기세가 누그러졌다. 강군이 "아버지에게 인정받는 자랑스러운 아들이 되고 싶었는데 결국 이런 꼴을 보여 드려서 죄송해요"라며 서럽게 울기 시작하자 어머니도 따라 울었다. 강군의 아버지가 벌떡 일어나 밖으로 나갔다가 다시 돌아왔을 때 그의 눈은 젖어 있었다. 강군의 아버지가 아들에게 용서를 빌었다. "넌 잘못한 것 없어. 오히려 내가 잘못했다. 아빠가 너를 너무 힘들게 했구나. 다 아빠의 욕심 때문이었다. 아빠를 용서해 다오." 강군도 울었고 아버지도 울었다. 이후 부부는 아들의 폭식증 치료에 대해 상의하느라 자주 대화하게 되었고 그러면서 서로를 잘 이해하게 되었다. 이혼할 이유가 없어지자 이 사실에 안도한 강군에게서 폭식증이 사라졌다.

Part 2

당신은
딴 다리 긁고 있다

: 마음이 문제다

삶을 이끄는 것은
눈에 보이는 현실이 아니라 마음

눈에 보이는 것은 쉽게 관심을 끌 수 있다. 그러나 마음처럼 눈에 보이지 않는 것은 흔히 관심 밖으로 밀려난다. 마음이 관심 밖으로 밀려나면 심각한 일들이 벌어진다. 인간은 '객관적 현실'과 '심리적 현실'이라는 두 개의 현실을 갖고 있다. 하나는 객관적 현실(actual reality)로 눈에 보이는 현실이다. 그리고 다른 하나는 심리적 현실(psychological reality)로 눈에 보이지 않는 마음에서 일어난다. 남들은 나의 객관적 현실을 보지만 나는 남들에게는 보이지 않는 주관적 현실인 심리적 현실을 산다.

눈에 대한 열등감이 심한 젊은 여성이 있었다. 그녀는 지적으로 뛰어난 엘리트였지만 남들의 쌍꺼풀진 눈을 부러워했다. 자기 눈은 와이셔츠 단추 구멍만 해서 보기 흉하다고 생각했다. 너무 부끄러워서 숨고만 싶었다. 사람들이 모두 자기 눈만 보는 것 같았다. 사람들이 수군거리면 마치 자기 눈을 화제로 삼고 흉보는 것 같았다. '세상에… 저렇게 작은 눈도 있네.' 선글라스라도 끼고 싶은 마음이 굴뚝같았지만 그러면 더 이상할 것 같아서 그러지도 못했다.

그런데 이해할 수 없는 것은 남자 친구였다. 그녀의 눈이 결코 작은 눈이 아니라는 것이었다. 쌍꺼풀은 없지만 시원하고 예쁜 눈이란다. '무슨 말을 하는 거야?' 처음에는 남자 친구가 자기를 놀리는 줄 알았다. 화도 났다. 그러나 남자 친구의 태도는 진지했다. '제 눈에 안경인가?' 이런 생각도 해보았다. 그러던 어느 날 어머니를 졸라서 성형외과 의사를 만났다. 그런데 뜻밖에도 성형외과 의사는 "예쁜 눈에 왜 손을 대려고 하세요?"라고 했다. 어머니는 "거봐라. 내가 뭐라디?" 하며 맞장구를 쳤지만 그녀는 '이 작은 눈을 예쁜 눈이라고 하다니… 이 분이 배가 부른가? 돈이 많아서 수술할 필요가 없나봐'라고 생각했다.

인간에게 존재하는
두 개의 현실

이 여성에게서 우리는 두 개의 현실을 볼 수 있다. 객관적으로 그녀의 눈은 작은 눈이 아니다. 객관적 현실은 '예쁜 눈을 가진 여성'이다. 성형외과 의사나 남자 친구, 어머니가 입증해 주고 있다. 그러나 문제는 심리적 현실이다. 주관적인 현실에서 그녀는 '부끄럽고 추한 눈을 가진 여성'이다. 마음의 현실에서 그녀는 자신의 예쁜 눈을 절대로 인정할 수가 없다. 그런데 마음이 자기 눈을 작고 추하다고 믿으면 객관적 현실과 관계없이 그녀의 눈은 작고 추한 것이 된다.

　논리가 통하지 않는다. 객관적인 증거도 설득력이 없고 과학적인 증거도 무력하다. 마음이 주관적 현실을 지배하기 때문이다. 그래서 그녀는 예쁜 눈을 가지고도 마치 추한 눈을 가진 사람처럼 살았다. 참으로 억울한 일이었다. 남 앞에 서지 못하고 밝은 곳에서는 데이트도 못했다. 남자 친구가 언젠가 자기를 떠날 것이라는 생각으로 늘 초조했다. 그래서 남자 친구가 전화만 뜸하게 해도 마치 배신당한 것처럼 화가 났다.

남자 친구는 당황했고 그녀를 이해하기 어렵다고 호소했다. 화가 가라앉고 보면 몹시 후회되었다. 열등감을 합리화하기 위해서 의심도 했다. '어머니와 성형외과 선생님이 미리 짜고 내 눈이 예쁜 눈이라고 속이고 있는 거야.'

그렇게 주변 사람들과 대인관계도 불편해졌다. 자기의 아픈 마음을 알아주지 않는 어머니, 남자 친구 그리고 친구들이 원망스러웠다. '추한 눈' 문제가 자기 인생에서 가장 심각하고 당면한 문제라고 생각했기 때문에 '눈 문제' 앞에서는 어떤 것도 시시해 보였다. 심지어 먹고사는 문제나 직장, 인생의 목표까지도 이차적인 것으로 보였다. 먼저 눈을 고쳐 놔야 그 다음에 그런 문제를 생각할 수 있을 것 같았다.

가족과 친구들은 그녀의 이런 태도를 이해할 수 없었다. 그럴수록 갈등은 심해졌고 그녀는 더욱 외로워졌다. 고립되고 우울증에 빠졌다. 수개월간 그녀는 두문불출했다. 직장도 나가지 않았다. 다행히 그녀는 정신분석을 받고 우울증의 늪에서 빠져나올 수 있었다. 그러기까지 거의 1년이 걸렸다.

그녀가 눈 열등감에 빠진 것은 어릴 때 경험한 어떤 사건과 깊이 관련되어 있었다. 어느 날 어머니와 아버지가 부부싸움을 하고 있었다. 그녀는 옆방에서 자는 척했지만 가슴 졸이며 듣고 있었다. 어머니가 아버지에게 어린 그녀의 이름을 들먹이며 "내가 이 애 때문에 얼마나 힘들게 사는지 알기나 해요?"라고 소리쳤다. 그때 아버지가 어머니에게 충격적인 말을 했다. "그렇게 골치 썩이는 애는 왜 키우는 거야. 내다 버려."

어린 그녀는 어머니가 자기를 짐 덩어리처럼 귀찮아한다는 사실에 충격을 받았다. 그리고 아버지의 말처럼 부모님을 계속 귀찮게 하면 자기를 버릴 것이라고 생각했다. 하지만 눈에 쌍꺼풀이 진 여동생은 예뻐하는 것 같았다. 착하고 예쁜 아이가 되어야 버림받지 않고 부모님의 사랑을 받을 수 있었다. 미운 아이는 짐 덩어리, 천덕꾸러기이고 버림받는다. 그녀의 비의식에서 '눈이 미운 아이'는 '행실이 밉고 나쁜 아이'와 동일시되고 있었다. 그래서 필사적으로 눈에 매달렸던 것이다.

객관적 현실과
심리적 현실이 부딪치면?

깊은 속마음이 이해되고 난 후 어느 날 눈 열등감을 앓고 있던 그녀가 기쁜 소식을 갖고 왔다. "교수님, 참 신기해요. 어제는 거울 속의 제 눈이 괜찮아 보였어요. 적어도 이 눈을 가지고도 살 수 있겠다는 생각이 들었어요. 이렇게 생각해 보기는 처음인 것 같아요. 그리고 사람 대하기가 편해졌어요. 백화점에 가도 괜찮았고 버스를 타도 사람들의 시선이 신경 쓰이지 않았어요. 남자 친구도 제 얼굴이 밝아졌대요. 일도 다시 시작하려고요. 참 신기한 경험이에요."

이런 변화는 그녀가 자신의 심리적 현실을 이해하면서 얻은 소득이었다. 심리적 현실을 이해하는 데 1년여의 분석이 필요했다. 눈 열등감을 만든 진짜 이유가 그녀의 비의식에 숨어 있었다. 부모님에 대한 분노가 그 이유였다. 유년기에 받은 상처로 인한 분노, 두려움이 비의식에서 '눈 열등감'을 만들었던 것이다. 이것이 그녀의 심리적 현실이었고 마음의 진실이었다.

비의식의 존재와 기능에 대해서는 다음 장에서 설명하

겠지만, 여기서 이 여성의 '눈 열등감'을 소개하는 데는 이유가 있다. 심리적 현실의 위력을 말하고 싶어서다. 객관적으로 예쁜 눈을 가지고도 마음이 '아냐, 내 눈은 작고 추해'라고 하면 그 눈은 어쩔 수 없이 작고 추한 눈이 되고 만다. 그리고 이런 심리적 현실이 생활에 주는 영향은 엄청나다. 마치 지구의 한편에서 나비가 날갯짓 할 때 반대편에서 태풍이 부는 것과 같다.

잘나가던 CEO나 탤런트가 자살하는 이유도 심리적 현실에서 그 원인을 찾을 수 있다. 객관적으로는 잘나가는 사람이지만 심리적으로는 절망스러운 것이다. 그녀도 '눈 열등감'에 시달려 성형외과를 찾아다니는 동안 인생이 비참하고 막막했다. 엉뚱한 곳에서 답을 찾고 있었기 때문이다. 딴 다리를 긁고 있는 격이었다. 만족은 없고 좌절감만 심해졌다. 그러나 마음의 현실에 관심을 돌리자 문제의 핵심이 드러났고 해결점을 찾을 수 있었다.

이 여성처럼 딴 다리를 긁고 사는 사람들이 많다. 그러다가 지쳐 쓰러지면 우울증이 오고 자살 충동에 휘말린다. 나름대로 영리하고 열심히 사는 사람들이 이렇게 딴 다리를 긁고 있는 것을 보면 안타깝다. 우리가 추구하는 돈과 출세와 사회적 성공은 딴 다리일 수 있다. 마음은 지

치고 말라 가는데 행복을 찾는다고 외적 성공에 관심이
쏠려서 마음을 돌보지 않다가 어느 순간 잠이 안 오고 이
유 없이 조바심 나고, 세상 사는 재미가 없어진다. 이게
다 마음이 보내는 경고 신호다. 그런데 이 위험 신호조차
무시하고 마음에 무리한 짐을 강요하면 정신질환이 터진
다. 성 중독(sexual addiction)도 마음의 병이다.

섹스에 몰두하는 사람들

마음의 공허함을 섹스로 달래는 사람들이 있다. 20대 초
반의 여성이 우울과 허무감 때문에 정신과 의사를 찾았
다. 이런 우울감은 아주 어려서부터 시작된 것으로 혼자
있을 때는 버려진 듯한 외로움이 밀려든다고 했다. 마치
어린아이가 어머니를 잃고 눈 오는 허허벌판을 헤매는 기
분이라고 했다. 그래서 그녀는 혼자 남겨지는 것을 두려
워했다. 곁에 있어 줄 누군가가 항상 필요했다.

사춘기에 들어서면서부터 그녀는 남자 친구를 사귀기
시작했다. 지금도 그렇지만 예쁘고 날씬했기 때문에 남학
생들에게 인기가 좋았다. 누군가 자기를 좋아해 주는 사

람이 곁에 있는 것이 좋아서 남학생들을 가까이했다. 그 동안 사귄 남학생 수도 많았다. 남자 친구가 육체관계를 요구하면 거리낌 없이 허락했다. 오히려 그녀 편에서 주도권을 갖고 적극적으로 요구하는 편이었다. 남자관계가 복잡한 것은 성욕 때문이 아니었다. 섹스의 즐거움보다는 외로움을 피하기 위해 남자가 필요했다. 남자는 애완용 동물처럼 외로움을 달래는 대상일 뿐 사랑의 대상은 아니었다.

믿어지지 않았지만 그녀는 한 번도 사랑을 느껴 본 적이 없다고 했다. 남자들과 쉽게 가까워지고 마치 오랜 연인처럼 섹스도 하고 다정하게 지내지만 곧 싫증이 나고 정나미가 떨어진단다. 상대가 싫어지면 다른 남자를 물색해 두었다가 적당한 시기에 갈아 치운다. 다른 상대를 구하기까지는 이별도 미룬다. 외로움을 피하기 위해서다.

그녀는 친구가 없다. 만나는 사람은 많지만 정이 들지 않는다고 했다. 깊은 인간관계, 즉 정(情)적인 인간관계를 맺는 능력이 없었다. 그녀의 인간관계는 특이했다. 어떤 사람을 사귈 때 처음에는 쉽게 친해진다. 굉장히 좋아하고 이상적인 사람이라고 추켜세운다. 그러나 얼마 지나지 않아서 실망하고 속았다고 화를 낸다. 그리고 대판 싸우

고 절교해 버린다. 그래서 그녀의 인간관계는 오래 지속
되지 못한다.

　성생활도 마찬가지다. 육체적인 쾌감을 순간적으로 느
낄 뿐이다. 육체관계 후에 밀려오는 후회감과 알 수 없는
불쾌감 때문에 괴롭다. 이런 불쾌감을 술로 씻고 담배로
태워 버린다. 그녀는 자살을 기도하기도 했다. 며칠 동안
학교도 안 가고 방에 틀어박혀 지냈지만 그녀에게 관심
을 보이는 사람은 아무도 없었다. 고립되어 있는 동안 피
가 마르는 듯한 고독감을 느꼈다. 그래서 자살을 시도했
다. 살아난 그녀는 더욱 섹스에 몰입했고 술에 빠졌다. 외
로워서 무너지는 자신을 추스를 수가 없었다. 그리고 마
침내 정신과를 찾았다.

　그녀의 유년기는 불행했다. 직장생활을 하는 어머니는
자주 집을 비웠다. 더구나 어머니 자신이 우울증이 심해
서 엄마 노릇을 제대로 하지 못했다. 텅 빈 방에서 TV를
보며 엄마를 기다리는 동안 어린 그녀는 외롭고 무서웠
다. 그녀가 가장 따르던 외할머니조차 다섯 살 때 갑자기
세상을 떠나 버리셨다. 심리적으로 그녀는 버려진 아이
(neglected child)나 마찬가지였다.

　이런 아이들은 유난히 외로움을 많이 타고 혼자 있는

것을 못 견딘다. 정을 나누는 인간관계를 그리워하면서도 막상 그런 대상이 나타나면 두려워서 피해 버린다. 버림받을 것을 예상하고 두려워하기(fear of rejection) 때문이다. 어머니나 외할머니처럼 자신을 버리고 떠나 버릴 것이라는 예감이 비의식 중에 그녀를 위협했다.

그녀의 난잡한 성생활은 이런 심리적 외로움과 관련이 있다. 외로움을 섹스로 달래고 있었던 것이다. 이런 사람의 섹스는 자위행위나 다름이 없다. 육체적인 자극만 있을 뿐이다. 인간은 동물과 달리 심리적인 만족감이 따라야 섹스도 완벽한 만족감을 맛볼 수 있다. 심리적인 만족은 섹스 대상이 사랑하는 사람일 때만 얻을 수 있다.

육체적 쾌락만 추구하는 사람들은 섹스를 하면 할수록 더욱 욕구불만에 빠지고 마침내 병적으로 섹스에 몰두하게 된다. 완전한 만족에 목말라하지만 그럴수록 더 갈증이 심해질 뿐이다.

그녀는 자신이 정말 원하는 것이 무엇인지를 몰랐다. 외로움을 달래기 위해 임기응변식으로 섹스에 매달렸다. 마음은 사랑을 찾고 있는데 몸은 엉뚱하게도 섹스에 몰두하고 있었던 것이다. 그러다가 몸도 마음도 지쳐 버렸다. 외로움은 얼음처럼 골수를 시리게 한다고 했다. 외롭고 추운 몸을 녹여 보려고 그녀는 또 남자를 찾아야 했다.

우리는 심리적 현실에 관심을 가져야 한다. 내적 현실, 마음의 소리에 귀를 기울여야 한다. 삶을 이끄는 것은 눈에 보이는 현실이 아니라 보이지 않는 마음이기 때문이다. '그렇다면 마음이란 정말 그렇게 강한 힘을 가지고 있는 것일까?' 마음의 위력에 대해서 생각해 보는 게 좋겠다. 마음은 엄청난 힘을 가지고 육체도 지배한다.

'커피를 마셔서 못 잘 거야'라고
생각하면 정말로 못 잔다

마음은 몸을 지배한다. 마음이 육체를 지배한다는 것을 드라마틱하게 보여 주는 현상이 있다. 플라세보(placebo)와 노세보(nocebo) 현상이다. 플라세보란 '당신을 기쁘게 해 드릴게요'라는 의미의 라틴어에서 나온 말이다.

미국 예일대학 연구팀에서 재미있는 실험을 했다. 밀가루를 캡슐에 넣어서 진통제처럼 보이게 만든 뒤 두통을 호소하는 여자 환자들에게 이 캡슐을 먹였다. 그러자 40%의 여성들에게서 두통이 사라졌다. 그래도 아직 두통을 호소하는 사람들에게는 진통제라고 말하고 증류수를 주사했다. 그런데 이들 중 60%가 두통이 사라졌다. 밀가루와 맹물에 진통 효과가 나타난 것이다. 마음의 작용 때문이었다. 마음이 진통제라고 믿으면 몸에서 진통 효과가 나타난다. 이런 현상을 플라세보 효과라 한다. 마음이 뇌를 움직여서 엔도르핀이라는 강력한 진통제를 분비시키기 때문이다.

노세보 효과는 플라세보와는 반대로 부정적 효과를 나타내는 경우다. 예컨대 의사가 불면증 환자에게 수면제를 주면서 "이 약을 먹고 오히려 밤새 잠을 못 주무셨다는 분들도 있었습니다"라고 부작용을 설명해 주었다. '나도 잠을 못 잘 거야.' 이렇게 생각한 환자는 수면제를 먹고도 밤새 잠을 잘 수 없었다. 부정적 효과가 나타난 것이다. 마음이 'no!'라고 했기 때문에 뇌도 따라서 'no!' 한 것이다. 이것이 노세보 효과다. 의사들이 환자들에게 약의 부작용을 설명해 주기를 꺼리는 이유도 노세보 효과를 걱정하기 때문이다.

미국 사관학교 학생들을 대상으로 흥미로운 실험을 했다. 잠자기 전에 A동 학생들에게는 카페인을 뺀 커피를 주었다. 그리고 B동 학생들에게는 카페인을 넣은 우유를 주었다. A동 학생들은 속으로 카페인이 든 커피를 마셨으니 잠을 못 잘 거라고 믿었다. 그리고 다음날 실제로 A동의 많은 학생들이 잠을 못 잤다고 했다. 반면 정작 카페인을 마시고 잔 B동 학생들 중에서 불면증을 호소하는 학생은 아무도 없었다. 마음이 '나는 카페인을 마셨기 때문에 잠을 못 잘 거야'라고 믿으면 뇌는 잠을 잘 수가 없다. 마음이 몸을 지배하는 것이다.

마음의 즐거움은 양약

놀만 쿠신 씨는 척추질환으로 불구가 될 위험에 빠져 있었다. 허리의 통증이 너무 심하여 수면제와 진통제를 쓰지 않고는 잠을 잘 수가 없었다. 그런데 입원 기간 중 어느 날 그는 신기한 체험을 했다. 진통제나 수면제를 맞지 않고도 통증 없이 두 시간 동안을 기분 좋게 잘 수 있었던 것이다. 입원 후 처음 있는 일이라 매우 신기하고 놀라웠다.

그는 곰곰이 그 이유를 생각해 보았다. 단조로운 입원 생활에서 원인이 될 만한 한 가지 일이 떠올랐다. 그날 낮에 본 코미디 프로였다. 코미디언이 얼마나 웃기던지 정말 오랜만에 마음 놓고 실컷 웃었다. 폭소 시간은 10분가량이었다. 그런데 그날 밤 그는 진통제를 맞지 않고도 잘 잤고, 잠에서 깨어났을 때 수면제나 진통제를 사용했을

때와 달리 머리가 개운했다. 쿠신 씨는 이 경험을 담당의
사에게 알려 줬다.

담당의사는 아주 학구적인 사람이었다. 그는 쿠신 씨에
게 웃음치료(laugh session)를 실험해 보자고 제안했다. 비
디오, 만화 등의 코미디 프로그램을 보여 준 뒤 혈액 검사
를 하는 것이었다. 실험 결과 놀랍게도 염증이 현저히 감
소된 것을 입증할 수 있었다. 쿠신 씨는 웃음을 심리적 조
깅(internal jogging)이라고 했다. 말하자면 심리적인 '에어로
빅'이라 할 수 있겠다.

스탠퍼드 의과대학 교수이며 정신과 의사인 윌리엄 프
라이 박사는 웃음의 효과에 대해 30년간이나 연구한 사
람이다. 그는 쿠신 씨의 경험을 의학적으로 입증해 주었
다. 하루에 3분간 유쾌하게 웃으면 10분간 보트의 노를
젓는 운동과 맞먹는 효과를 낸다는 것이다. 웃음이 혈압
과 맥박, 호흡을 안정시키는 효과가 있기 때문이다. 웃음
으로 진통제나 마약 중독을 감소시킬 수도 있다고 했다.

로마 린다 의과대학의 리벅 교수는 웃음과 호르몬의 관
계를 연구하여 흥미 있는 보고를 하였다. 미국의 한 과학
잡지에 실린 내용에 따르면, '웃음 프로그램'에 참여한 사
람들은 그렇지 않은 사람들보다 에피네프린(epinephrine)의

과다분비가 적었다고 한다. 이 호르몬은 혈관을 수축시키고 혈압을 높이며 맥박을 빠르게 하여 분비가 많을 경우 고혈압과 가슴이 두근거리는 증상을 일으킨다. 또한 웃음은 코르티솔(cortisol)이라는 호르몬의 과다분비를 막았다고 한다. 이 호르몬의 분비가 많아지면 면역체 형성을 억제하여 암과 같은 질병에 잘 걸린다.

스트레스에는 두 가지 종류가 있다. 고통을 주는 스트레스(distress)와 긍정적인 자극을 주는 스트레스(positive stress)다. 유머나 유쾌한 웃음으로 마음이 즐거워지면 신체도 함께 즐거워하고 건강해진다는 것이 의학적인 연구 결과다. 이런 연구를 근거로 미국의 경우 많은 병원들이 1980년대 들어 코미디언들을 의학적 치료의 보조자로 참여시키고 있다. 예컨대 콜롬비아의료센터에서는 백혈병 어린이들을 치료할 때 코미디언들이 치료 팀의 일원으로 참여하여 아이들의 마음을 즐겁게 해주는 웃음치료를 병행하는 데 좋은 효과를 보고 있다고 한다.

성경의 잠언에는 '마음의 즐거움은 양약'(良藥)이라는 말씀(17장 22절)이 있다. 이 말씀은 3,500여 년 전에 내려진 처방인데 현대 의학에서는 이제야 웃음을 알약처럼 투여하게 되었다.

암세포도 죽이는 마음의 힘

인간의 마음은 암세포를 죽이는 면역세포를 동원하는 힘도 가지고 있다. 자연 살상 세포(natural killer cell)를 활성화시키는 것이다. 이것이 인간의 자연 치유력이다. 미국 의학 잡지에는 이런 인간의 자연 치유력을 보여 주는 흥미로운 환자의 이야기가 실려 있다.

1950년대에 있었던 일이다. 브루노 클로퍼 박사가 크레비오젠(Krebiozen)이라는 항암제를 개발하였다. 이 약은 암에 잘 듣는다고 소문이 나면서 전국적인 관심을 끌고 있었다. 클로퍼 박사의 환자 가운데 악성 림프종(malignant lymphoma)이 이미 상당히 진행된 환자가 있었다. 비행사였는데 호흡곤란으로 산소마스크의 도움을 받아야 했고 가슴에 물이 차서 2, 3일마다 물을 빼 주어야 했다.

환자는 클로퍼 박사가 크레비오젠이라는 신약을 발견했다는 것을 알고 박사에게 그 약을 투여해 달라고 간청했다. 박사는 그의 간청에 따라 크레비오젠을 투여했다. 효과는 극적이었다. 단시간 내에 종양의 크기가 줄어들었고 마침내 환자는 비행사로 복귀하여 정상적인 생활을 할 수 있었다.

그러나 불행이 시작되었다. 크레비오젠의 효과를 부인하는 보고가 FDA와 미국의학협회에서 발표된 것이다. 이 기사를 읽고 환자의 증상은 다시 악화되기 시작했다. 클로퍼 박사는 플라세보 효과를 기대하며 위약을 사용하기로 했다. 그는 증류수를 환자에게 주사했다. 환자에게는 지금까지 써온 크레비오젠보다 두 배의 효과가 있는 새로운 약이라고 말해 주었다.

증류수를 투여했음에도 불구하고 그 효과는 놀라웠다. 환자의 증상은 다시 호전되기 시작했고 종양은 줄어들었다. 흉수(胸水)도 빠져서 숨쉬기도 편해졌다. 마침내 그는 다시 퇴원하여 정상생활로 돌아갔다. 그야말로 약에 대한 환자의 믿음이 약물의 실제적 효과와는 아무 상관없이 병을 회복시킨 것이다. 마음의 신비였다. 그러나 비극이 다시 시작됐다.

신뢰할 만한 연구기관에서 또 크레비오젠의 항암 효과를 부인하는 연구 결과를 보고한 것이다. 미국의학협회와 FDA 그리고 전국적인 임상실험 결과가 '크레비오젠, 항암 효과 전혀 없음'이라고 보고했다. 수일 후 환자의 상태는 다시 악화되어 결국 사망하고 말았다.

클로퍼 박사의 이 보고는 플라세보 효과가 얼마나 강력

한 것인지를 보여 준다. 플라세보 효과는 마음의 자연 치유 능력을 보여 주기도 한다. 크레비오젠에 대한 믿음이 있을 때 마음은 면역세포를 동원하여 암세포를 파괴할 수 있었으나 믿음이 사라지자 힘을 잃고 말았다.*

미국에는 마음의 힘을 이용하여 암을 치료하는 의사가 있다. 암 치료 전문가인 칼 사이먼튼 박사다. 그는 암 환자에게 강력한 면역세포들이 탱크처럼 암세포를 공격하여 파괴시키고 무력하게 만드는 상상을 하게 한다. 이런 상상을 그림으로 그리게도 한다. 그 결과 많은 환자들의 암 크기가 작아졌고 치유되었다.

어느 50대 남자는 보험회사 사장으로 테니스 선수이자 만능 스포츠맨이었다. 그는 다른 무엇보다 건강만큼은 자신 있었다. 그런데 어느 날 테니스를 치는데 무릎에 통증을 느껴 병원에 갔더니 놀랍게도 뼈암이라고 했다. 그날부터 암과의 전쟁이 시작되었다. 병은 진행되었고 의사는 발을 잘라 내야 한다고 했다. 암보다 더 괴로운 것은 주변 사람들의 태도였다. 자기를 인간으로서가 아닌 암 환자로 보는 것이 가장 괴로웠던 것이다.

그는 마침 사이먼튼 박사를 만나 상상 치료를 시작했

---

* Klopfer, B. "Psychological variables in human cancer". *Journal of Projective Techniques* (1957), 21, pp. 331-340.

다. 기분이 좋아졌고 마음이 자유로워졌다. 수개월 만에 암은 거짓말처럼 완치되었다. 그 후 그는 고향으로 돌아와 '사이먼튼 심리요법' 분원을 열었다.**

플라세보 효과는 이렇게 마음의 힘을 보여 줄 뿐만 아니라 인간이 가지고 있는 자연 치유력을 보여 주기도 한다. 흔히 사람들은 현실 상황 때문에 불행하다고 불평한다. 돈 때문에 불행하고 학벌 때문에, 외모 때문에 자신이 불행하다고 믿는다. 그러나 상황이 불행하게 만드는 것이 아니라 상황을 보는 내 마음이 불행을 만드는 것이다. 가장 중요한 것은 당신의 시각이다.

영국에는 'What matters most is how you see yourself'라는 말이 있다. 번역하면 '중요한 것은 자신을 어떻게 평가하고 있느냐'이다. 행복과 불행이 마음의 평가에서 나온다는 말이다. 마음이 부정적인 데를 보고 있으면 불행해질 수밖에 없다. 성경에서도 같은 가르침을 볼 수 있다. "모든 지킬 만한 것 중에 더욱 네 마음을 지키라 생명의 근원이 이에서 남이니라"(잠언 4장 23절). 마음을 지키는 것이 생명을 좌우할 정도로 중요하다는 말씀이다.

** 칼 사이먼튼, 《마음의 의학》, 정신세계사 (1988).

마음이
도대체 무엇인가?

우리말에는 마음(mind)의 특성을 보여 주는 다양한 표현들이 있다. 이 표현들을 따라가 보면 우리 민족이 마음을 어떻게 이해하고 있는지를 알 수 있다. 예컨대 '마음에 담아 두다'라는 말은 마음을 하나의 공간 개념으로 보는 것이다. 장소나 그릇의 개념이다. 유사한 표현으로 '마음을 비워라'는 말도 있다. "마음이 텅 빈 듯 허전해서 음식을 자꾸 먹게 돼요"라는 말도 마음을 빈 위장으로 보는 표현이다. "저는 부모님의 마음에 못을 박은 불효자올시다"라는 표현도 마음을 기둥 같은 장소 개념으로 본 표현이다.

또한 마음을 성격으로 표현한 말도 있다. '마음씨가 착하다', '마음이 모질고 악하다' 같은 표현이다. 착하고 악한 성격이 있듯이 마음도 어진 마음과 독한 마음이 있다는 말이다. 또한 사물을 판단하고 선택하는 주체가 마음이라는 것을 알려 주는 표현도 있다. 예컨대 '네 마음에 드는 사람을 골라 결혼해라', '어른의 말씀을 마음에 두었다', '괴로운 마음을 삭였다', '마음을 붙이다', '마음이 가볍다', '마음을 졸이다', '마음이 놓이다' 또는 '마음이 돌아서다', '마음을 다스리다' 같은 표현들이다.

마음 대신 '정신'(psyche)이란 단어를 쓰는 경우도 있다. 정신도 마음과 같은 말인데 육체와 대립되는 개념을 강조할 때 이 단어를 쓴다. 예컨대 '정신을 잃다', '정신을 차리다', '정신이 돌아 버렸다' 같은 표현이다. 이념이나 사상을 정신이라고 표현하기도 한다. 예컨대 '3·1 운동 정신' 같은 표현이다.

마음과 유사한 표현으로 '혼'(spirit) 혹은 '넋'이라는 말이 있다. 혼은 몸과 마음을 다스리는 비물질적이고 초자연적인 어떤 것을 의미한다. 예컨대 '혼을 불살랐다' 하면 '열정을 불태우는 것'을 말하고 '혼이 나갔다' 하면 '죽은 사람의 몸에서 혼이 떠나갔다'는 표현이다. '물에 빠져 죽은 사람의 넋을 건진다'는 말에서 넋은 익사자의 육체와 분리된 혼을 건진다는 의미다. 초자연적 개념으로 자주 쓰이는 말이다. 또한 '영혼'이란 말도 있는데 혼을 높여 부르는 말이다.

마음에 대한 논쟁

마음에 대한 논쟁은 수백 년 된 것이고 아직도 계속되고 있다. 학자들 중에는 마음이 단지 뇌의 작용일 뿐이라고 생각하는 사람들이 있다. 특히 유물론자들(materialists)은 마음을 '뇌라는 물질에서 일어나는 분자들의 상호작용일 뿐'이라고 주장한다.

이들은 눈으로 확인할 수 있는 것만 믿는다. 물질주의 자들이다. 그래서 마음에 대한 이해도 물질주의적이다. 눈으로 볼 수 있는 객관적인 자극과 이에 대한 반응, 즉 측정이 가능한 행동 반응만 마음 현상이라고 주장한다. 따라서 유물론자들에게 마음은 관찰이 가능하고 객관적인 현상이어야 한다. 그래서 '마음 경험, 즉 주관적 경험은 과학의 대상일 수 없다'는 것이 유물론자들의 입장이다.

그러나 이런 유물론적 마음 정의는 환원주의적이라는 비판을 받는다. 추상적이고 복잡한 마음 현상을 너무나 물질적인 뇌의 반응으로 단순화시키고 있기 때문이다.

이에 반해 현상학적 이론(phenomenology)은 주관적 경험을 강조한다. 마음은 객관화시키거나 눈으로 볼 수 있는 것이 아니고 마음으로 경험할 뿐이라는 것이다. 즉 '마음은 주관적 경험이다. 그러나 그렇다고 마음의 실재를 누구도 부정할 수는 없다'라는 사실에서 출발한다. 따라서 '상대방의 마음을 이해한다'는 것은 '자신의 경험과 마음을 통해서만 이해할 수 있다.' 객관화된 데이터나 수치로 마음을 측정할 수 있는 것이 아니라는 것이다. 마음은 공감적 이해(empathy)를 통해서 파악할 수 있는 것이고 물질인 뇌의 작용은 부수적 보조 장치일 뿐이라는 시각이다.

예컨대 우리는 슬픈 일을 당한 사람, 즉 어머니가 돌아가신 사람을 만났을 때 "당신도 저처럼 한 인간으로서 마음의 경험을 하시는 분인 줄 압니다. 그래서 저는 모친상을 당한 당신의 마음이 얼마나 슬프실지 제 경험을 통해서 이해할 수 있습니다"라고 말할 수 있다. 슬픈 마음을 만났을 때 분석하듯이 설명하려는 태도 자체가 마음을 모르기 때문이라는 것이다.

유물론적 관점이 인간의 마음을 뇌의 부수적인 현상으로 본다면 현상학적 관점은 심리적 요인을 더 중요시한다. 마음이 더 근본적인 것이며 뇌는 간접적인 영향을 줄

뿐이라는 입장이다. 프로이트의 정신분석학이 여기에 속
한다고 할 수 있다.[*]

마음과 뇌는
서로 영향을 주고받는다

성경의 창세기에는 하나님이 인간을 지으시는 장면이 나
온다. 먼저 흙으로 형태를 지으시고 다음에 생기를 불어
넣으시니 인간이 되었다. 흙은 물질이다. 뇌도 물질이다.
이것만으로는 생명체가 아니다. 생기, 즉 마음이 물질에
들어갈 때 비로소 생명체로서 작동하기 시작한다.

창세기의 마음 개념은 마음이라는 특별한 기능이 물질
인 뇌를 이용하여 정신 작용을 수행하고 있다고 본다. 마
음이라는 생기와 뇌라는 물질(흙)이 인간의 정신 현상을
만든다고 설명한다. 흙(뇌)과 생기(마음)의 이원론이다. 생
기인 영이 떠나면 몸은 뇌와 함께 흙으로 돌아간다. 마음
이 물질인 뇌를 지배한다는 이론이다. 그러나 현대 뇌 과

---

[*] 강웅구, "마음의 과학과 현상학", *Journal of Korean Neuropsychiatric Association*
(2010) 49, pp. 282-286.
양병환, 《정신병리학 총론》, 중앙문화사 (2010).

학자들은 이원론을 부정한다. 마음이 뇌의 활동에 영향을 주지만 뇌가 마음 현상을 지배하기도 한다는 것이다. 예컨대 치매에 걸린 노인은 뇌 손상으로 정신 기능에 이상이 온다. 뇌의 어느 부분을 전기로 자극하면 헛것이 보이고 쾌감도 느낀다. 정신 이상 증상도 나타난다. 뇌가 이런 기능을 일으킨다는 증거다. 그런데 이런 정신 현상을 뇌에서 일으키지만, 반대로 마음이 뇌에 영향을 주기도 한다. 보이지도 않는 마음이지만 뇌를 좌지우지하기도 한다.

예컨대 술에 만취해서 걷지도 못하는 사람이 있다고 하자. 그런데 친구가 달려와서 "친구야, 네 아버지가 사고로 응급실에 실려 가셨어" 하고 급한 소식을 전하면 만취해 걷지도 못하던 사람이 그 순간 술에서 확 깨어나 응급실로 달려갈 것이다. 마음의 작용이 뇌에 대한 알코올의 화학작용을 지배해 버린 것이다. 유물론자들은 이 사실을 인정하기 어려워한다. 그러나 뇌에 대한 환경의 영향을 우리는 경험적으로 안다. 그리고 뇌에 대한 마음의 영향을 보여 주는 연구들도 많다.

사회적 지위에 따라 달라지는 세로토닌의 작용

뇌는 신경의 집합체다. 인간의 뇌에서도 신경 전달 물질
인 세로토닌의 작용은 아주 중요하다. 특히 우울할 때는
뇌신경의 시냅스에서 세로토닌이 감소한다. 세로토닌이
부족하면 앞 신경에서 전달해 주는 정보가 다음 신경으로
전달되지 못한다. 세로토닌이 부족하여 수용체의 문을 열
어 주지 못하기 때문이다. 요즈음 많이 쓰는 항우울제는
대부분 이것을 증가시키는 작용을 한다.

  신경생리학자인 예 등은 가재를 가지고 흥미로운 실험
을 했다.** 세계적인 과학 학술지 〈사이언스〉(Science)에 실
린 이 연구는 신경에 대한 세로토닌(serotonin)의 작용을
알아보는 실험이었다. 특히 가재의 꼬리치기를 담당하는
신경에 대한 세로토닌의 작용에 주목했다. 흥미롭게도 가
재는 사회적 위치에 따라 세로토닌의 작용이 반대로 나타
났다.

  세로토닌이 작용할 때 대장 가재의 꼬리는 꼿꼿이 서는

***

** Yeh S. R., Fricke R. A., Edwards D. H. "The effect of social experience on sero-
tonergic modulation of the escape circuit of crayfish", *Science* (1996), 271, pp. 366-
369.

데 반해 부하 가재의 꼬리는 죽은 듯이 수그러들었다. 지배자인 대장 가재에게는 세로토닌이 신경을 활성화시켜 꼬리를 세우게 했는데 피지배자인 부하 가재에게는 신경을 억제시켰던 것이다. 세로토닌이 활성화 작용을 할 때 대장 가재는 겁을 주듯이 꼬리를 위협적으로 치켜세웠다.

연구팀은 이 과정에서 한 가지 흥미로운 현상을 발견했다. 사회적 신호(social cue)에 따라 신경 전달 물질인 세로토닌의 작용이 극적으로 달라지는 것이었다. 즉 두 마리의 피지배 위치에 있던 가재가 있었다. 그런데 그중 한 마리가 출세해서 입장이 바뀌어 피지배자가 아닌 지배자가 되었다. 이때 세로토닌의 신경에 대한 작용이 극적으로 반전했다. 세로토닌의 작용이 신경을 활성화시키는 쪽으로 변했다. 그 결과 지배자가 된 가재는 친구 앞에서 꼬리를 위협적으로 꼿꼿이 세웠다. 자기가 지배자가 되었다는 인식이 들어오자 세로토닌에 대한 반응이 반대로 나타난 것이다. 극적인 변화였다.

이 실험은 사회적 위치에 대한 인식(perception), 즉 환경 인식이 신경 전달 물질의 작용에 영향을 준다는 사실을 알려 준다. 환경 인식이 뇌에 영향을 주는 것이다. 사회적 위치라는 환경이 뇌의 화학적 작용을 지배하는 것을 보여 준다. 정신 현상은 뇌라는 물질이나 분자 구조의 상호작용만으로 설명할 수 있는 것이 아니며 눈에 보이지 않는 사회적 관계(social relations)가 정신을 구성한다는 증거다.

또한 마음을 단순히 뇌의 물질적 현상이라고 볼 수 없는 증거다. 다만 이 실험에서 가재가 어떻게 자신의 신분 변화를 인식했는가는 밝혀지지 않았다. 그러나 세로토닌이라는 물질의 작용이 사회적 신분의 변화에 따라 갑자기 반대로 나타난 것은 놀라운 발견이었다.

종합하면 마음은 모든 정신 활동의 주체다. 감정을 느끼고 현실을 생각하고 판단하며 자신에게 유리한 쪽을 선택하기도 하고 버리기도 한다. 마음의 결정에 따라 마음을 졸이기도 하고 마음 놓고 안심하기도 한다. 마음은 기억을 담아 두는 그릇이기도 하다. 마음에 대해서 어떻게 생각하든지 그 실체를 부정하는 학자는 없다. 우리가 책을 읽는 이 순간에도 마음은 기억을 불러오고 관련된 감정을 일으킨다. 행복을 느끼는 것도 마음이고 슬픔이나 비참한 패배감도 마음이 느낀다.

수면 아래 보이지 않는
비의식을 이해하라

정신분석에서는 마음이 의식과 비의식으로 구성되어 있다고 본다. 정신분석의 창시자 지그문트 프로이트 박사(Sigmund Freud, 1856~1939)는 인간의 마음을 빙산에 비유했다. 빙산은 수면 위로 보이는 부분이 있고 수면 아래 숨어서 보이지 않는 부분이 있다. 그는 수면 위로 보이는 부분을 의식(conscious)으로, 수면 아래 보이지 않는 부분을 비의식(unconscious), 무의식으로 비유했다.

인간의 마음 중에 분명히 보고 알 수 있는 부분은 빙산의 일각처럼 극히 일부분에 불과하다. 믿기 어렵겠지만 마음의 대부분은 비의식에 숨어 있어서 보이지 않는다. 그래서 마음을 우리 자신도 잘 모르는 경우가 많다. 마음에 고통을 주는 갈등이나 금지된 욕구들은 모두 마음속

깊은 곳, 즉 비의식에 숨어 있다.

앞서 소개한 '눈 열등감'을 가진 여성도 분석을 받기 전에는 부모에 대한 증오심과 버림받는 두려움의 원인을 인식하지 못했다. 오히려 자신을 위해 희생해 주신 부모님께 죄송하고 감사하다면서 눈물을 흘리기까지 했다. 분석이 진행되면서 비의식의 분노가 의식 표면으로 떠올랐다. 한꺼번에 떠오른 것이 아니고 조금씩 탐색하듯이 떠올랐다.

마침내 어느 날 분노는 태풍처럼 터져 나왔다. 분노를 터트리는 딸 앞에서 부모는 몹시 당황했고 그녀 자신도 어찌할 바를 몰랐다. 부모님을 공격하고 욕한 다음에는 죄책감이 밀려왔다. 그러나 분석이 진행되면서 분노는 서서히 빠져나갔다. 부모님을 이해하고 용서하는 마음이 생겼다. 부모님도 딸에게 울면서 진심으로 용서를 빌었다. 어머니의 눈물을 보면서 그녀는 참으로 오랜만에 어머니에 대한 좋은 감정을 느껴 보았다고 했다. 어쩌면 처음 느끼는 것인지도 모르겠다고 했다. 그녀는 "이런 마음이 제 속에 있었다는 것이 참 신기해요"라고 말했다. 나는 또 한번 비의식의 위력 앞에서 놀랐다.

자신의 비의식을 아는 것이
마음 이해의 첫걸음이다

정신분석가로서 번번이 감탄하고 확인하는 사실이지만, 보이지 않는 비의식이 삶을 지배한다. 비의식에 숨어 있는 마음의 진실은 꿈이나 공상 혹은 부지불식간에 저지르는 실수를 통해서 의식 표면으로 떠오르지만, 이렇게 떠오른 비의식의 자료들도 마음의 소리에 귀를 기울이지 않으면 그 의미를 깨닫기도 전에 날아가 버린다.

자신의 비의식을 이해하는 것이 마음 다스리기의 숙제다. 정신분석은 비의식을 탐구하는 학문이다. 비의식을 탐구하여 치료하는 치료 작업이라고도 할 수 있다. 프로이트 박사는 인간은 의식에서 받아들이기 어려운 생각이나 욕구들을 억압(repression)을 통해서 비의식으로 추방한다고 하였다. 그래서 비의식이 생긴다는 것이다. 비의식의 개념은 정신분석의 핵심이라 할 수 있다. 많은 마음의 진실이 비의식에 숨어 있기 때문이다.

프로이트 이전 시대의 사람들은 자기가 아는 마음의 세계가 마음의 전부라고 생각했다. 철학자들도 자기 마음인데도 자기가 모르는 부분, 즉 비의식이 존재한다는 사실을 몰랐다. 그러나 프로이트 박사는 환자를 치료하면서 비의식의 존재를 발견했다.

예컨대 엘리자베스라는 여자 환자는 하반신 마비가 왔는데 그것은 형부에 대한 사랑 때문이었다. 그녀는 자신의 마비가 형부에 대한 사랑과 관련 있다는 사실을 모르고 있었다. 언니에 대한 죄책감 때문에 형부를 사랑한다는 사실을 마음속에 억누르고 있었기 때문이다.

마비가 처음 시작된 곳은 언니의 장례식장이었다. 언니의 시체 옆에 서 있는 형부를 보면서 '형부는 이제 자유로운 몸이 되었어. 결혼도 할 수 있고'라고 생각했다. 그 순간 다리에 전기가 흐르는 것 같더니 이후 서서히 마비가 진행된 것이다.

분석을 통해 비의식에 갇힌 그녀의 기억을 찾아 이해한 후 엘리자베스는 호전되기 시작했고 마음껏 춤도 출 수 있게 되었다. 이런 억눌린 기억이 숨어 있는 마음의 장소를 프로이트 박사는 비의식이라 했다. 비의식의 세계는 숨어 있어서 발견하기 어렵지만 일단 들어가 보면 신기하고 놀랍다. 그렇다면 먼저 '비의식이란 것이 실제로 존재하는가?'를 생각해 보자.

비의식의 존재를
증명하는 실험들

리위키 박사는 비의식의 과정을 보여 주는 흥미로운 실험을 했다(1985). 실험자와 피험자는 잠깐 동안 만남을 가졌다. 비록 짧았지만 기분 나쁜 만남이었다. 피험자로 하여금 싫은 감정을 느끼게 한 것이다. 이렇게 비우호적인 만남을 가진 피험자는 그 후 실험자와 외모가 비슷한 사람을 만났을 때 자기도 모르게 상대를 회피했다.

실험자와 불쾌한 만남을 갖지 않은 피험자들은 회피 반응을 보이지 않았다. 회피한 피험자들에게 "왜 피했습니까?" 하고 물어보았다. 거의 대부분의 피험자들은 아무 생각 없이 피한 것이라고 대답했다. 즉 피험자들은 자각하지 못했지만, 비우호적인 만남이, 비의식 중에 대상 선택의 동기에 영향을 주었다고 할 수 있다. 선택의 동기가 된 불쾌한 감정이 뒤에 숨어 있었던 것이다. 정신분석 중에 나타나는 전이도 비의식적 심리 과정이고 과거의 인물에게 느낀 감정을 현재의 분석가에게 옮기는 것이다. 이러한 입장에서 리위키 박사의 이 실험은 전이의 비의식 과정을 보여 주는 실험이라 하겠다.

클리파리드 박사[*]는 코르사코프 증후군(Korsakoff's syndrome)을 앓고 있는 환자의 기억력을 연구했다. 원래 코르사코프 환자들은 뇌 손상을 입어서 기억을 못한다. 그런데 어떤 불쾌한 기억은 분명히 기억할 수 있다는 것을 확인했다. 즉 박사는 코르사코프 장애를 가지고 있는 기억상실 환자와 악수할 때 손가락 사이에 핀을 숨겨 놓아 환자의 손이 찔리도록 했다. 그런 불쾌한 일이 있은 다음에 클리파리드 박사를 만났을 때, 그 환자는 기억상실 때문에 박사를 알아보지 못하면서도 악수하기는 피했다.

그러나 왜 악수를 거절하는지 설명은 하지 못했다. 의식적 기억력의 결핍 때문에 자신이 왜 악수를 꺼려하는지 이유를 설명할 수 없었다. 의식적으로는 기억을 못했지만 비의식은 날카로운 핀에 찔린 경험을 기억하고 악수를 피한 것이다. 이것이 비의식적 기억이다. 비의식의 존재를 보여 주는 실험이었다.

얼굴을 알아보지 못하는 안면 실인증 환자들(prosopag-nosics)에 대한 조사에서도 비의식의 존재를 확인할 수 있었다.[**] 친한 얼굴을 보여 주었을 때와 낯선 얼굴을 보여

---

[*] Cowey A. "Grasping the essentials", *Nature* (1991), 349, pp. 102-103.

[**] Bruyer R. "Covert face recognition in prosopagnosia", *Brain and Cognition* (1991), 15, pp. 223-235.

주었을 때 전기 생리학적 반응이 달랐다. 예컨대 안면 실인증 환자에게 아내를 보여 주었다. 환자는 의식적으로는 자기 앞에 있는 사람이 아내라는 것을 알아보지 못했지만, 정서적으로는 평소에 자기 아내를 대할 때처럼 행동했다. 마치 아내를 알아보는 것처럼 대했다. 의식적으로는 모르는 여인이지만 비의식적으로는 아내인 것이다. 비의식의 존재를 보여 주는 실험이었다.

오르가슴을 느끼게 된
여교수

30대 중반의 여교수가 우울증으로 나를 찾아왔다. 자신이 너무 초라하고 쓸모없는 인간처럼 느껴져서 죽고 싶다고 했다. 일류 대학을 나왔고 남편은 고위 공무원에 가정적인 남자였다. 누가 봐도 부족할 것이 없는 환경이었다. 그러나 그녀는 우울했고 자기가 남편에게 부담만 주는 것 같아서 죽고 싶다고 했다. 그녀를 더욱 괴롭히는 문제는 성생활이었다. 결혼 후 10여 년이 되었지만 한 번도 오르가슴을 느끼지 못했을 뿐만 아니라 성교할 때마다 통증으로 괴로웠다. 매주 한 번씩 정신분석적 정신치료를 시작했다.

　그녀는 어머니와 갈등이 많았다. 어머니한테서 상처를 많이 받고 자라서 어머니에 대한 분노가 비의식에 숨어 있었다. 그러나 다른 한편으로는 어머니를 동정하고 있었다. 어머니에 대한 양가감정(ambivalence)을 가지고 있었던 것이다. 그리고 여성을 대표하는 어머니를 미워했기 때문에 그녀는 여성성을 받아들일 수가 없었다. 그래서 청소년기에는 학교에서 남자처럼 남학생들을 지배했다. 남학생들을 몽둥이로 패주기도 했다. 남학생들도 그녀를 두려워했다.

　그녀에게 성교는 남성에게 지배당하는 것이었다. 여성성을 받아들이지 못해서 성교통을 느끼고 있었다. 우울증도 어머니에 대한 억눌린 분노 때문이었다. 내적 분노가 그 화살을 자신에게로 돌려서 그녀는 우울했다.

　치료가 6개월쯤 진행되었을 때 그녀는 어머니에게 심하게 상처받은 기억을 이야기했다. 그날 환자는 정말 많이 울었다. 치료가 끝나고 집에 갈 때까지 쉴 새 없이 눈물을 흘렸다. 나는 그녀의 비의식에서 억울해하던 마음속의 아이가 위로받고 있다고 생각했다.

　그 시간을 계기로 억눌렸던 비의식의 분노가 풀린 것

을 그녀는 느낄 수 있었다. 귀가하여 어머니를 만났을 때 자기감정이 달라졌음을 안 것이다. 참으로 오랜만에 어머니의 주름진 얼굴이 보였다. '이게 내 어머니의 얼굴이지.' 매일 어머니를 만났음에도 어머니의 얼굴이 몇 년 만에 보는 것처럼 새롭게 보였고 오랫동안 같이 앉아 있어도 불편하지 않았다.

그러고 나서 얼마 후 그녀는 부끄러운 듯 얼굴을 붉히며 말했다. 생애 처음으로 남편과 성교하면서 오르가슴을 느꼈다는 것이다. '책에서 읽은 오르가슴이라는 것이 이것이구나' 하고 이해했다고 했다. 감격적인 경험이었다. 남편도 아주 만족해했다. 비의식에서 어머니에 대한 감정이 풀리자 여성성을 받아들이게 된 것이다. 여성이 되는 것이 남성에게 굴복하는 것이 아니라는 사실을 비의식이 받아들인 것이다. 오르가슴은 이런 여성이 느낄 수 있다.

정신치료는 1년 만에 끝났다. 나는 그녀에게 어떤 약도 쓰지 않았다. 억눌린 감정이 이해되고 풀리면서 자연스럽게 치유가 일어났던 것이다. 어머니에 대한 분노가 어머니처럼 여성이 되는 것을 거부하게 만들었기 때문에 그동안 오르가슴을 느낄 수가 없었던 것이지 성욕이 없어서 느끼지 못한 것이 아니었다. 여성성을 받아들이고 방어가 풀리자 오르가슴을 경험할 수 있었다. 이렇게 비의식은 엄청난 위력을 가지고 인생을 지배한다. 불감증에 대한 흥미로운 실험은 4부에서 소개하겠다.

10년 연하의 청년에 대한
이해할 수 없는 감정

30대 중반의 부인이 우울증으로 정신분석적 정신치료를 받고 있었다. 치료가 1년쯤 진행되던 어느 날 환자가 "갑자기 좋아하던 고기를 먹을 수 없게 되었어요" 하며 호소했다. 평소에 고기를 좋아했는데 2주쯤 전부터 갑자기 고기를 먹으려면 구역질이 난다고 했다.

좋아하던 피자도 먹을 수 없게 되었다고 했다. 그래도 별로 신경 쓰지 않고 지냈는데 그날 아침 초등학생 아들이 이렇게 불평했다. "엄마는 우리를 초식 동물로 만들 거야? 우리를 채식주의자로 아나봐." 환자는 '채식주의자'란 말이 마음에 걸렸다고 했다. 나는 환자에게 물었다. "채식주의자란 말이 마음에 걸렸다고 하셨는데 혹시 그와 관련해서 떠오르는 생각이 있나요?" 비의식을 탐색하는 시도였다.

부인은 갑자기 얼굴을 붉히면서 당황하는 것 같았다. 영어 회화반에 다니는데 수강생 중 한 남학생이 채식주의자인 것이 생각난다고 했다. 그런데 그 남학생에 대한 자기의 감정을 이해하기 힘들다고 했다. 그 남학생을 보자마자 좋아하게 되었는데 사실 나이도 10여 년이나 어리고 자기는 유부녀이기 때문에 이런 감정을 용납하기 어렵다고 했다.

그런데 회화반에 가는 날이면 가슴이 설레고 혹시 그 남학생을 볼 수 없을까봐 초조해진다고 했다. 숙제를 늘 완벽하게 해 갔기 때문에 강사로부터 칭찬을 듣는데, 사실 그것도 그 남학생을 의식해서였다. 그런데 이 남학생이 개인 사정으로 회화반에 나올 수 없게 되었다. 2주 전의 일이었다.

좋아하는 채식주의자 남학생이 회화반에 나오지 못하게 된 시점과 환자가 고기를 먹지 못하게 된 시점이 일치했다. 흥미로운 것은 그 남학생이 피자도 먹지 못했는데, 그녀 역시 고기와 함께 피자를 먹지 못했다. 고기를 먹지 못하는 것과 그 남학생이 어떤 관계가 있을 것 같았다. 치료자는 조용히 그녀의 연상을 따라갔다.

그녀의 연상은 계속되었다. 그녀가 이해할 수 없는 것

은 자신의 감정이었다. 그녀가 그 남학생을 좋아할 이유가 없다는 것이다. 외모도 키만 클 뿐 잘생긴 얼굴도 아니었고 좋아할 만한 구석이 하나도 없었다. 그리고 그 남학생에 대해 아무것도 모르는 상태에서 첫눈에 반해 버렸다.

치료자는 "그 청년이 그렇게 좋아진 데는 그럴 만한 이유가 있을 텐데요"라고 말했다. 청년과 관련된 비의식의 대상을 찾아보기 위한 질문이었다. 부인은 청년에 대해서 떠오르는 것들을 말했다. 청년은 마르고 키가 크고 뿔테 안경을 썼으며 가톨릭 신자였다.

그러다가 부인이 갑자기 "아, 가톨릭!" 했다. 그리고 오랫동안 감춰 온 그녀의 첫사랑을 이야기하기 시작했다. 여고 2학년 때 그녀는 성당에 다녔다. 신부님을 짝사랑했다. 불행히도 신부님은 7개월 만에 성당을 떠나셨다. 신부님도 회화반에서 만난 청년과 같이 키가 크고 뿔테 안경을 썼다. 알고 보니 청년에 대한 감정은 신부님에 대한 첫사랑의 감정이었다. 그래서 첫눈에 반한 것이다.

비의식은 비합리의 세상이다. 부분이 같아도 전체가 같은 것으로 착각을 일으킨다.[***] 신부님과 청년은 부분적으로 같을 뿐이었다. 둘 다 가톨릭 신자이고 키가 크고 뿔테

[***] Freud S. *The unconscious*, Standard Edition (1915), pp. 159-214.

안경을 낀 남성이라는 점에서 같았다. 그런데 그녀의 비의식은 청년을 첫사랑의 연인인 신부님으로 인식했고, 30대 중반의 여성을 여고생 같은 소녀의 감정에 휩싸이게 했다. 이 감정은 20여 년 전 신부님에게 느끼던 감정이었는데 그녀는 마치 현재의 사건처럼 생생하게 경험하고 있었다. 비의식의 세계에는 시간 개념이 없기 때문이다.

고기와 피자를 먹지 못하는 증상 밑에는 몇 가지 이미지들이 하나의 연결 고리를 형성하고 있었다. 예컨대 '채식주의자-회화반의 남학생-뿔테 안경-가톨릭-첫사랑의 신부님'의 연결 고리였다. 그래서 그녀는 청년에게 사랑을 느꼈고 청년이 싫어하는 고기와 피자를 먹을 수 없었다. 청년이 떠나 버린 날부터 고기를 먹을 수 없었던 것도 신부님이 떠나 버린 것과 연결지을 수 있었다. 하나의 분리 반응이라 할 수 있다.

이런 내면의 진실을 알고 환자도 놀랐다. 그리고 다음 시간이었다. 부인이 밝은 얼굴로 나타나 이제 고기를 먹을 수 있다고 말했다. 며칠 전 친정어머니가 오시자 아이들이 외할머니에게 엄마가 고기반찬을 해주지 않는다고 불만을 털어놓았다. 친정어머니는 육개장을 끓이셨다. 부인이 육개장 국물을 떠서 입에 넣자 곧 구역질이 났다. 하지만 참고 꿀꺽 삼켰다.

부인이 이렇게 삼킬 수 있었던 것은 그녀가 고기 혐오의 원인을 이미 파악하고 있었기 때문이라고 생각했다. 통찰의 힘이었다. 첫 숟갈만 그랬지 다음 수저부터는 고기 국물을 삼켜도 아무렇지 않았고, 그 뒤로 고기를 먹을 수 있게 되었다. 증상을 일으킨 비의식적 원인을 이해하는 것만으로 증상이 치료된 것이다.

비의식의 특징

비의식은 비합리의 세계다. 비의식 세계는 작동 방식이 의식 세계와 다르다. 그래서 앞에서 소개한 부인의 경우처럼 회화반에서 만난 청년을 첫사랑의 연인으로 착각하고 첫눈에 반하게 만든다. 단지 가톨릭 신자이고 키가 크고 뿔테 안경을 썼다는 공통점만으로 동일 인물로 믿어 버리는 것이다.

비의식의 세계에는 현실성도 없다. 현실을 무시하고 자기가 원하는 대로 믿어 버린다. 예컨대, 회화반의 남학생은 현실적으로 신부님이 아니라 그냥 남학생일 뿐인데 마음은 원하는 대로 신부님으로 해석해 버렸다. 현실을 무시하는 비의식의 특징 때문에 나타난 현상이었다.

비의식은 시간 개념도 없다. 이 현상은 불감증인 여성에게서 볼 수 있다. 그녀는 이미 어른이 되었고 어머니는 늙어서 아무 힘도 없다. 그녀를 구타하고 무섭게 굴던 어머니는 과거의 어머니일 뿐이다. 그런데 어머니를 볼 때마다 과거의 어린 시절로 돌아가 버렸다. 무섭고 억울하지만 어머니에게 의지하고 사랑받고 싶어하던 아이의 감정으로 돌아가 버린 것이다.

비합리의 세계에는 마음속의 아이가 있다. 불감증 여인의 경우는 마음속의 아이가 비의식에서 울고 화내고 있었다. '나는 우리 엄마 같은 여자가 싫어. 나는 여자가 되지 않을 거야.' 그래서 여성성을 거부했다. 여성성을 거부했기 때문에 오르가슴을 느낄 수 없었다. 분석을 통해서 비의식에 살던 마음속의 아이가 합리의 세계로 돌아왔다. 시간의 허물을 벗고 현실로 돌아온 것이다. 그렇게 해서 치유가 이루어졌다. 불감증도 치료되었다.

우리 삶의 많은 부분이 비의식의 지배를 받고 있다. 그래서 때때로 이해하기 어려운 감정들에 휩싸이기도 하고 신경증에 빠지기도 한다. '내 마음이지만 나도 모르겠다.

이런 감정은 너무 유치해, 말도 안 돼. 이런 욕구를 느끼다니 너무 부끄러워' 하고 자책하는 사람들이 많다.

　여기까지 나는 '마음이란 무엇인가?'에 대해서 설명했다. 마음이 뇌라는 기관을 이용하여 정신 기능을 수행한다는 것과 정신분석이 설명하는 마음의 현상에 대해서 설명했다. 마음은 상처 나기 쉽다. 특히 마음을 혹사시킬 때 여러 가지 병적 증상을 일으킨다. 이제 3부에서는 마음을 괴롭히는 감정들에 대해서 이야기하겠다.

당신은 딴 다리 긁고 있다
         : 마음이 문제다

    눈에 대한 열등감이 심한 여성이 있었다. 지적으로 뛰어난 엘리트였지만 자기 눈은 단추 구멍만 해서 보기 흉하다고 생각했다. 주위에서 절대 작은 눈이 아니라고 말해도 그녀는 믿지 않았다. 눈 문제 앞에서는 먹고사는 문제나 직장, 인생의 목표까지도 시시해 보였다.

    그녀가 눈 열등감에 빠진 것은 어린 시절의 경험 때문이었다. 부모님이 부부싸움 중에 "그렇게 골치 썩이는 애를 왜 키우는 거야. 내다 버려"라고 말했다. 어린 그녀는 착하고 예쁜 아이가 되어야 버림받지 않고 부모의 사랑을 받을 수 있다고 생각했다. 그녀의 비의식에서 자신처럼 '눈이 작은 아이'는 '행실이 밉고 나쁜 아이'와 동일시되었다. 이것이 그녀의 심리적 현실이었고 마음의 진실이었다.

    눈 열등감에 매달려 성형외과를 찾아다니는 동안 그녀의 인생은 비참하고 막막했다. 그러나 그녀가 마음의 현실에 관심을 돌리자 문제의 핵심이 드러났다. 눈이 문제가 아니라 부모에 대한 숨겨진 분노와 버려질 것에 대한 두려움이 진짜 문제였던 것이다. 눈 열등감은 이것의 왜곡된 표현이었다. 다행히 그녀는 정신분석을 받고 우울증의 늪에서 빠져나올 수 있었다. 이 여성처럼 '눈만 예뻐지면 돼' 하며 딴 다리를 긁고 있는 사람들이 많다. "돈 벌면 돼", "성공하면 돼" 하면서.

마음이 도대체 무엇일까? 유물론자들은 마음을 뇌의 부수적인 현상으로 본 반면, 정신분석학에서는 마음이 근본적인 것이며 뇌는 간접적인 영향을 줄 뿐이라고 말한다. 그러나 현대 뇌 과학자들은 마음과 뇌를 분리하는 이원론을 부정한다. 마음이 뇌의 활동에 영향을 주지만 뇌가 마음 현상을 지배하기도 한다는 것이다.

심리학계에 가장 큰 영향을 미쳤던 프로이트는 마음을 빙산에 비유했다. 수면 위로 보이는 부분이 의식이고, 수면 아래 보이지 않는 부분이 비의식이다. 마음의 대부분은 비의식에 숨어 있어서 보이지 않는다. 그래서 자신의 마음을 자신도 잘 모르는 경우가 많다. 비의식은 비합리의 세계다. 첫사랑의 연인이 키가 크고 뿔테 안경을 썼던 신부였는데 키가 크고 뿔테 안경을 쓴 10년 연하의 청년을 보고 가슴이 설렜다. 비의식의 세계에서 동일 인물로 착각한 것이다. 합리적 세계에서는 있을 수 없는 착각이다. 우리 삶의 많은 부분이 비의식의 지배를 받고 있다. 그래서 자신의 비의식을 이해하는 것이 마음 관리의 숙제다.

마음이
무슨 무쇠인지 아는가?
: 상처 나고 무너지기 쉽다

유리같이 깨지기 쉬운 마음,
방치하면 병든다

1부에서 소개한 강군의 폭식증도 마음에 무리한 짐을 강요한 결과였다. '자랑스러운 아들'이 되기 위해서 마음의 소리를 무시하다가 폭식증에 빠졌다. 강군은 아버지에게 "아버지 저 좀 이해해 주세요. 저도 힘들어요"라고 말했어야 했다. "저에게 너무 무리한 기대를 하지 말아 주세요. 저도 최선을 다하고 있어요", "이혼하지 말아 주세요. 저 때문에 이혼하는 것 같아서 견딜 수 없이 괴로워요"라고 말했어야 했다. 마음은 이런 말들을 하고 싶었지만 강군은 그것들을 억누르고 공부만 잘하면 모든 문제가 해결되는 줄 알았다.

마음은 고통을 견디지 못하고 어린아이 상태로 퇴행해 버렸다. 폭식증은 퇴행의 결과였다. 예컨대 아이들의 관심은 주로 먹는 것에 집중돼 있다. 다른 걱정을 하지 않는다. 강군도 이렇게 아이로 퇴행해 버리면 명품 아들이 되기 위해서 고민하지 않아도 된다. 퇴행(regression)은 마음이 자기를 보호하는 방법 중 하나다. 강군은 고통으로부터 마음을 보호하기 위해 폭식증이라는 퇴행을 사용한 것이다.

강군 아버지의 불면증도 마음의 경고 신호였다. 그의 마음이 '나는 인내의 한계에 도달했어요. 제발 도와주세요'라고 외치고 있었다. 이 경고를 무시하고 속도를 줄이지 않았기 때문에 이해할 수 없는 행동, 즉 '수면제 과다 복용'을 하게 된 것이다. 가족관계도 파괴되었다. 부인은 남편이 벽처럼 느껴진다고 했다. 부인은 "그 사람은 마음이 없는 사람 같아요" 하면서 좌절감을 넘어 절망감을 느낀다고 했다. 자기 마음을 살필 줄 모르는 사람은 가족의 마음도 살피지 못한다.

부인은 이혼을 요구했고 아들은 폭식증에 빠졌다. 강군의 아버지는 누구보다 더 성공적인 인생을 살고 싶었다. 어릴 때 불행했기 때문에 더더욱 성공에 대한 욕망이 강했다. 그리고 나름대로 치열하게 살아서 성공한 듯싶었다. 그러나 결과는 처절한 실패로 드러났다. 마음을 살피지 않은 것이 문제였다.

우리 마음은 무쇠가 아니다. 마음도 지치고 약해진다. 마음도 무리하면 병이 든다. 사람이 견디기 힘든 감정이 있다. 예컨대 억울함과 분노, 불안감과 고독, 얼굴을 들 수 없게 만드는 수치심과 열등감, 죄책감이다. 이런 감정은 사람의 마음을 내면에서 병들게 만든다. 공황장애와 우울증을 일으키고 심지어 정신분열증을 일으키기도 한다. 이런 감정 중 하나라도 경험해 본 사람이라면 그것이 얼마나 지독한 것인지 잘 알 것이다.

"분노와 머리카락이 무슨 상관이지?"
소화 못 시키는 분노, 탈모의 원인

사람은 억울한 일을 당하면 분노를 느낀다. 나를 억울하게 만든 사람을 용서하기는 어렵다. 억눌린 분노는 몸과 마음을 병들게 한다. 특히 피부병의 75%는 마음의 고통이 원인이 되어 발생한다.

30대 회사원인 박 대리는 입사 이후 생긴 탈모 증상 때문에 고민이다. 게다가 최근에는 승진을 앞두고 갑자기 얼굴이 화끈거리고 달아오르는 증상이 생겼다. 탈모 증상도 힘든데 시도 때도 없이 얼굴이 벌겋게 달아오르니 창피했고 대인관계에도 어려움이 많았다. 피부과 의사는 알레르기나 아토피가 아니라 스트레스 때문인 것 같다고 말했다. 그 말을 듣는 순간 그의 뇌리에 불쑥 떠오르는 얼굴이 있었다. 박 대리의 직속상사인 서 과장이었다.

박 대리가 입사했을 무렵 서 과장은 고향 선배로 회사 내에서 그가 아는 유일한 사람이었다. 지방 대학을 나와 서울에 취직한 박 대리는 서 과장을 많이 의지했다. 똑똑하고 닳아빠진 서울 사람들 속에서 고향 선배가 있다는 것이 생각만 해도 든든했다. 그를 많이 감싸 주고 지도해 줄 것이라고 기대했다.

그러나 서 과장은 박 대리의 기대와 전혀 달랐다. 박 대리를 무시했고 마치 종 부리듯 했다. 커피 심부름이나 담배 심부름은 참을 수 있었다. 자기 집 공과금을 은행에 지불해 달랄 때도 참았다. 그러나 서 과장 장모를 터미널에서 모셔오라든지 룸살롱 술값을 대신 지불하게 할 때는 참을 수가 없었다. 그런데 나중에 알고 보니 서 과장은 공과 사를 구별하지 못하고 부하 직원을 막 대하는 사람으로 평이 나 있었고 회사에서 알 만한 사람은 다 알고 있었다.

어느 날 서 과장이 박 대리에게 은밀한 부탁을 했다. 업자에게 뒷돈을 받는 일이었다. 만일 들통이 나서 일이 터지면 모든 책임은 박 대리가 져야 했다. 서 과장은 절대로 그런 일은 없다며 자기가 책임지겠다고 했지만 박 대리는 용기를 내어 그런 부정을 저지를 수 없다고 단호하게 말했다. 온순한 성격인 박 대리로서는 엄청난 용기가 필요한 일이었지만 결과는 의외로 만족스러웠다. 서 과장은 쿨하게 자신의 잘못을 받아들이며 자기는 박 대리를 부하 직원이기 전에 고향 후배로서 동생처럼 편해서 부탁했을 뿐이라며 오히려 미안하게 됐다고 사과까지 했다. '소문과는 달리 의외로 좋은 사람이구나' 하는 생각이 들 정도였다. 그런데 이런 생각은 순전히 박 대리의 착각일 뿐이었다.

그 후 서 과장은 정말 무서운 직속상관으로 돌변했다. 비열할 정도로 작은 잘못도 물고 늘어졌다. 툭하면 "어떻게 이 실력으로 우리 회사에 들어왔나?" 하며 모욕을 줬다. 심지어는 "혹시 낙하산 아니야?"며 빈정거렸다. 박 대리가 지방 대학 출신이라는 것을 꼬집어서 "이래서 지방 대학 출신들은…" 할 때는 도저히 참을 수가 없었다.

더 참을 수 없는 것은 박 대리가 "말씀이 지나치십니다"라고 정색을 하면 농담이라며 아무렇지도 않게 넘어가는 그의 태도였다. 모욕을 줘서 상처를 내고는 정색을 하고 덤비면 농담이라며 아무 일도 아니라는 듯이 넘어가곤 했다. 사내에서 입사 동기들과 차별 대우하는 것도 견디기 힘들었다. 다른 동기들에게는 다정하게 굴면서 박 대리한

테만큼은 얼음장처럼 차갑게 대했다. 심지어 회식 자리에
박 대리만 빼라고 하기도 했다.

머리카락은
분노와 관련이 있다

박 대리가 인내의 한계를 느낄 무렵 다행히 상사의 승진
평가에 부하 직원들과의 커뮤니케이션 능력이 반영된다
는 회사 방침이 발표되었다. 그러자 서 과장의 태도가 눈
에 띄게 달라졌다. 막말도 확연히 줄어들고 가끔 박 대리
를 포함하여 부하 직원들에게 밥도 사주었다. 점수 관리
에 신경 쓴다는 것을 누구나 짐작할 수 있었다.

박 대리는 그의 이런 속 보이는 변화가 가증스러웠다.
서 과장이 친한 척 던지는 말들도 구역질 났다. 그러나 내
색할 수는 없었다. 서 과장을 볼 때마다 염증이 났고 화가
났다. 회사도 나가기 싫었지만 어렵사리 잡은 직장을 포
기할 수는 없었다. 그 즈음 탈모 증상이 나타나기 시작했
다. 아침마다 세면대 가득 빠져 있는 머리카락을 볼 때마
다 온몸에 기운이 빠져나가는 것 같았다.

그런데 그런 서 과장이 이번 인사 개편 때 부장으로 승진한다는 소식이 들렸다. '세상에, 그런 인간이 승진을…? 이놈의 회사 뭔가 잘못된 거야.' 울화통이 치밀어 올랐다. 회사고 뭐고 정나미가 떨어졌다. 속에서 뜨거운 것이 치밀어 오르더니 얼굴까지 화끈거렸다. 뜨거운 것을 얼굴에 쏟아부은 것처럼 화끈거리면서 따가웠다. 병원에서 치료를 하고 약을 처방 받았지만 증상은 호전되지 않았다. 갑자기 한없이 외로운 느낌이 몰려들기도 했다.

박 대리의 탈모와 얼굴 화끈거리는 증상은 억압된 분노 때문이었다. 화나고 짜증났을 때 우리는 머리를 쥐어뜯는다. 머리카락은 분노와 관련이 있다. 또 화가 나면 가슴이 방망이질 치고 얼굴이 달아오른다. 박 대리는 마음속의 화를 다스리지 못해서 탈모와 화끈거리는 증상이 나타난 것이다.

이래서 분노가 병이 되고 수명을 단축시킨다. 분노의 마음을 다스리려면 상대방을 용서해야 한다는 것은 안다. 그러나 분노에 휩싸여 있을 땐, 내가 너무 작아져 있고 상대방이 너무 커져 있다. 상대방의 말 한마디, 눈짓 하나가 나에게 폭풍이 되는 것이다. 작은 사람은 강하고 큰 상대방을 용서할 수 없다. 용서하려면 스스로 당당해지고 자신감을 가져야 한다.

자존감이 낮으면 용서하기가 어렵다. 상대방이 폭풍을 일으켰다고 생각하지만 실은 상대방은 자극을 주었을 뿐 폭풍은 내가 일으키고 있는 것이다. 결국 나를 제외하고 아무도 나를 해칠 수 없다. 원인은 상대방이 아니라 나다. 내가 나의 인생을 좌우하는 존재임을 아는 것이 진정한 자존감의 회복이다. 이렇게 자존감이 회복되면 상대를 용서하고 나아가 사랑해 줄 수 있다.

《죽으면 죽으리라》의 저자 안이숙 여사의 설교를 직접 들을 기회가 있었다. "이웃 사랑은 이를 악물고 하는 거예요"라고 하신 말씀이 오래 마음에 남았다. 용서는 이를 악물고 하는 것이다. 용서하기로 결심하고 의지적으로 용서하는 것이다. 그리고 '그 사람도 그럴 수밖에 없는 이유가 있었을 거야' 하며 밉지만 그 사람의 입장에서 생각하고 이해해 주는 것이다. 이 과정을 반복하다 보면, 불가능할 것만 같던 용서가 가능해진다.

마음을 아프게 하는 감정 중 하나가 슬픔과 상실감이다. 중소기업에 다니는 40대 김 과장은 6개월 전 부인을 암으로 잃었다. 유방암이었다. 너무 늦게 발견한 것이 한스러웠다. 매년 정기 검진을 했어야 하는데 아내의 건강을 챙겨 주지 못한 자신이 원망스러웠다. 소문난 잉꼬부부였기에 그가 받은 충격과 슬픔은 이루 말할 수 없었다. 우울증에 빠진 그는 기운도 없고 만사가 귀찮았다. 수염도 자주 깎지 않았고 식사도 거르기 일쑤였다.

아내가 너무나 보고 싶지만 세상 어디를 가도 아내를 다시 볼 수 없다는 엄연한 사실이 아팠다. 아내와 걷던 벚꽃 핀 산책로도 걸어 보고, 함께 자주 가던 카페의 그 자리에 앉아서 아내가 좋아하던 아메리카노를 시켜 보기도 했다. 아내의 사진을 보면 오히려 아내의 부재가 더 실감 나게 달려들었다. 아내가 좋아하던 음악을 틀어 놓고 밤을 새웠다. 정신 나간 사람처럼 멍하니 앉아 있는 자신을 발견하고 '이러면 안 되는데…' 하고 자책하기도 했다.

문제는 직장생활이었다. 하루가 멀다 하고 술을 마셨고 결근도 잦았다. 건망증이 심해서 실수도 많았다. 결재 올려야 할 서류를 잡고 있다가 시간을 넘겨 낭패한 일도 있었다. 직장 상사와 동료들도 처음에는 '오죽하면 그러겠느냐'며 이해해 주었다. 오히려 위로해 주려 애썼다. 그가 괴로워할까봐 그가 있는 자리에서는 아내나 가족들 이야기를 삼가고 크게 웃지도 않았다. 자기들끼리 떠들고 웃다가도 김 과장과 눈이 마주치면 죄 지은 사람처럼 몸을 움츠렸다. 김 과장은 자기 때문에 사무실 분위기가 무거워지는 것도, 동료들이 자기 눈치를 보는 것도 괴로웠다.

평소 성격이 깔끔하고 남에게 신세 지기를 싫어하는 그로서는 동료들 대하기가 점점 힘들어졌다. 동료들의 위로도 어쩐지 입에 바른 소리처럼 들렸고 값싼 동정 같아서 자존심이 상했다. '너희들은 아내가 살아 있으니까 내 속을 모른다.' 동료 중에 유난히 활기 넘치는 동료는 밉기도 했다. '너는 무슨 복이 많아서 그렇게 잘 살고 나는 무슨 죄가 많아서 아내를 먼저 보내고 이 꼴로 살아야 한단 말이냐.' 큰일 날 소리지만 그가 사고라도 났으면 좋겠다는 생각도 했다. '이게 무슨 죄 받을 생각인가' 하며 자책도 했지만, 시간이 지날수록 대인관계가 어려워졌고 우울하고 힘없는 그를 모두 싫어하는 것 같았다.

그러던 어느 날 한 가지 사건이 터졌다. 부하 직원이 결혼 청첩장을 돌리면서 김 과장만 빼고 돌린 것이다. 그 직원은 김 과장을 배려하느라 그런 것이었지만 그는 지독한 소외감을 느꼈다. '지 마누라 죽게 만든 놈한테 청첩장 주는 게 아까워서'라고 오해하며 무시당했다고 생각했다. 그래서 평소의 김 과장답지 않게 직원에게 고함을 질러 댔다. 그러고는 돌아서서 너무 부끄럽고 후회돼 도저히 직장에 다시 나갈 수 없어 등기로 사표를 제출하고 말았다. 직장 상사가 달려와서 그를 정신과 의사에게 데려갔다.

김 과장은 배우자를 상실한 사람들의 전형적인 심리 과정을 밟고 있었다. 배우자를 상실하면 사람들은 자존감을 유지하기가 힘들다. 배우자를 떠나보낸 뒤 홀로 남은 자신이 너무 초라해 보여서 남들이 자기를 무시하는 것처럼 느낀다. 배우자와 잘 사는 사람들이 부러워서 그들도 자기처럼 배우자를 잃고 불행해지기를 바라기도 한다. 이유 없이 화가 나고 오해도 잘한다. 김 과장은 배우자를 잃은 상실감을 다스리지 못하고 있었다. 사실 배우자 상실은 마음을 지독하게 괴롭힌다.

현실이 너무 아프고 두려우면
슬픔을 소화할 수 없다

같이 살 때는 소중함을 잘 모르지만 떠나고 나면 그 빈자리가 가슴을 쓰리도록 아프게 하는 것이 부부관계다. 사람이 누군가를 사랑하면 마음에 그 사람의 자리가 생긴다. 사랑이 깊어질수록 마음의 자리는 커지고 존재의 무게감도 더해진다. 그러다 그가 떠나가면 공허감과 상실감이 파도처럼 몰려온다. 그 빈자리는 어떤 것으로도 채울 수가 없다. 다른 사람을 만나고 다른 일에 몰두해도 그가 남긴 빈자리는 채워지지 않는다.

자식을 잃은 부모의 심정도 그렇다. 자식을 잃은 부모는 인생에서 가장 견디기 힘든 슬픔에 빠진다. 이 슬픔은 세월이 가도 덜어지지 않는다. 오랜 세월이 흘러도 문득 어제 일처럼 슬프다. 남편도, 다른 자식들도 이 빈자리를 채워 주지 못한다. 그래서 '자식이 죽으면 가슴에 묻는다'고 하는 것이다.

이렇게 상처받은 마음은 애도 과정을 거치면서 소화된다. 슬픔이 가시는 것은 애도 덕분이다. 애도는 그가 떠나 버린 빈자리에 적응하는 심리적 과정이다. '그래, 그는 떠나갔어. 이것은 엄연한 현실이야. 그래도 나는 내 인생을 살아야 해' 하며 속으로 반복해서 다짐하는 과정이다. 그런데 애도에 실패하는 사람들을 정신과에서 흔히 본다. 애도에 실패하는 이유 중 하나는 사랑하는 이의 죽음을 인정하지 않고 부정하기 때문이다. 현실이 너무나 아프고 두렵기 때문이다.

슬플 때는 참지 말고 울어야 한다. 사실 눈물은 부끄러운 것이 아니다. 눈물은 슬픔을 씻어 내는 약이다. 아이들은 서러울 때 마음 놓고 소리 지르며 운다. 배고플 때도 울고 억울할 때도 울고, 엄마가 보고 싶을 때도 운다. 그런데 어른이 되면 '슬픔 억누르기'를 배운다. 약한 모습 보이기 싫어서 억누르고, 자기 조절을 못하게 될까봐 두려워서 억누른다.

다른 책에서도 수차례 얘기했지만 영국의 정신과 의사 모즐리 박사는 "눈물에 씻겨 내려가지 못한 슬픔은 위장을 아프게 한다"고 했다. 위장뿐이 아니다. 가슴도 아프게 하고 우울증에 빠뜨리기도 한다. 메마른 말과 지식만으로는 마음이 치유되지 못한다. 공감과 감격과 눈물이 필요하다. 기도하며 울고 대화하며 울자. 혼자서도 울고 함께도 울자. 울어야 할 때 울 수 있는 인격이 건강한 인격이다. 울어야 슬픔도 잘 이겨 낼 수 있다.

시기심은 독사와 같이
자신과 상대를 물어뜯는다

대기업에 다니는 남자가 있었다. 그는 외모도 출중했고 소위 일류 대학 출신이었다. 어릴 때부터 흔한 말로 '엄친 아'로 불리면서 어디서나 최고 대접을 받는 사람이었다. 집도 부유해서 갖고 싶은 것은 뭐든 가질 수 있었고 하고 싶은 것도 뭐든 할 수 있었다. 승마, 골프, 댄싱에도 능했다. 게다가 학창 시절 내내 1등만 했기에 패배감이나 열등감은 거의 모르고 살았다. 그런 그가 동창들의 부러움을 한 몸에 받으며 대기업에 입사했다.

그런데 회사는 달랐다. 함께 입사한 동기들은 거의 수재들이었다. 집안도 좋아서 장관의 아들, 재벌집 딸들이었다. 그들에 비하면 그의 집안은 별 볼일 없었다. 한국에서는 빠지지 않는 그의 학벌도 외국 유명 대학을 졸업한 동기들에 비하면 초라했다. 휘황찬란한 동기들 앞에서 그의 존재는 너무 희미해서 초라하고 우울했고 그래서 도망가고 싶었다. 이런 경험은 그의 인생에서 처음 맛보는 것이었다.

그중에서도 유독 눈에 거슬리는 동기가 있었는데 바로 그의 초등학교 동창생이었다. 아무리 생각해도 기억이 나지 않을 정도로 그의 학창 시절에는 있는 듯 없는 듯 투명인간 같았던 사람이었다. 그런데 십 몇 년이 지난 오늘 소위 그의 '스펙'은 자신의 것과 비교도 할 수 없을 정도로 화려했다. 그가 자신을 능가하는 스펙을 자랑하면서 입사동기가 되었다는 사실에 질투가 났다.

하지만 자존심이 상해서 표를 낼 수도 없었다. 오히려 질투하고 있는 마음을 숨기느라 그에게 더 친절하고 살갑게 대했다. 속으로는 미워 죽겠는데 입은 웃고 있는 자신이 혐오스러웠다. 정신분석 용어로는 이를 반동형성(reaction formation)이라 한다. 상대를 증오하면서도 보복이 두려워서 친절하게 대하는 심리기제다. 보복을 피하고 안전을 도모하려는 마음의 전략이다. 동기 역시 친절에 보답이라도 하듯 그에게 친한 척을 했다. 하지만 그럴 때마다 '겉으로는 저렇게 친한 척하지만 속으로는 나를 비웃고 있겠지'라는 생각에서 벗어날 수 없었다.

마음을 사막처럼 만드는
시기심

그러던 어느 날 동창이 승진했다는 소식이 들렸다. 흔히 말하는 초고속 승진이었다. 승진을 축하하는 회식 자리에서 주위의 축하를 받고 있는 동창을 보면서 그는 속이 뒤집어지는 것 같았다. 토할 것 같았다. 하지만 역시 이런 내색을 해서는 안 되었다. 박수도 쳐 주고, 건배도 해주고, 차례가 되어 근사하게 축하의 말도 해주었다. 자기가 질투하고 있다는 사실을 누가 알기라도 하면 더 비참해질 것 같았다.

그날 이후부터 잠을 이루지 못하는 날이 많아졌다. 똑같이 입사하고 똑같이 일했는데 왜 동기에게만 혜택이 돌아가는지 이해할 수 없었다. 그러나 이성적으로 따져 보면 동기가 자기보다 여러 면에서 능력이 뛰어나다는 것을 인정할 수밖에 없었다. 그러나 마음은 왠지 억울하고 분하기만 했다.

억울하고 분한 마음에 뭐라도 해야 할 것 같았다. 처음에는 승진한 동기의 명함통을 몰래 쓰레기통에 버리는 것으로 화풀이를 했다. 유치한 짓이었다. 그래도 그렇게라도 해야 속이 좀 풀릴 것 같았다. 그 후 그는 종종 동기를 난처하게 만드는 행동으로 자신의 화를 풀었다. 중요한 서류에 커피를 쏟아서 다시 작성하게 한다든지, 어떤 날은 그의 이름으로 성인 사이트에 가입해 스팸 메일을 계속 받게 하고, 그의 인터넷에 바이러스를 깔아 놓기도 했다. 덕분에 동기는 당황하고 난감한 처지에 놓이기도 했다.

그런데 동기의 그런 모습을 보는 게 썩 유쾌한 것만은 아니었다. 미안한 마음도 있었다. 그래도 그 정도로는 양에 차지 않아 시간이 지날수록 도가 심해졌다. 어떤 날은 옥상 난간에 기대어 담배를 피우고 있는 동기의 등을 밀어뜨리고 싶다는 충동이 일더니 며칠 전에는 동기의 커피 잔에 독약을 타고 싶다는 생각이 들어서 깜짝 놀랐다. 이러다가 자신도 모르는 사이에 살인범이 될 것 같아서 불안했다. 시기심이 이 우수한 엄친아를 병들게 하고 있었다.

일류 대학생들 중에 이런 시기심을 경험하는 학생들이 많다. 일류 대학 신입생들의 30%가 우울증이라는 보고도 있다. 대기업 회사원들도 이런 경험을 할 수 있다. 항상 1등만 한 사람들은 자기보다 더 우수한 사람을 견디기가 힘들다. 시기심은 복병처럼 숨어 있다가 기회를 놓치지 않고 나타나 독사처럼 마음을 물어뜯는다.

시기심은 다른 사람의 성공이나 미모, 뛰어난 능력을 볼 때 억울하고 화가 나는 심리를 말한다. 화가 나는 이유는 빛나는 상대 앞에서 자신이 초라해지기 때문이다. 그래서 그 사람의 행복과 성공을 파괴하여 불행하게 만들고 싶어한다. 상대를 공격하고 비참해지는 것을 볼 때 기분이 좋아진다. 시기심은 상대방을 파괴할 뿐만 아니라 자신도 파괴시킨다.

그런데 이런 유치하기 짝이 없는 시기심이 우리 주변에 만연해서 걱정이다. 인터넷의 악플에서도 시기심의 불행을 볼 수 있다. 시기심은 인류의 시작인 아담 가족에게서도 볼 수 있다. 가인은 동생을 시기하여 살해한 뒤 비참한 인생을 살게 되었다. 이것을 '가인 콤플렉스'라고 부른다. 라이벌에게 느끼는 심정이 시기심이다.

라이벌은 마음을 삭막하게 하고 전쟁 상황으로 몰고 간

다. '라이벌 심리'를 분석해 보면 두 사람이 한 줄에 서 있는 것을 볼 수 있다. 한 사람이 앞서면 다른 사람은 패배자가 되는 경쟁 구조이다. 여기에는 승자와 패자만 있다. 그리고 그들은 패배감이 너무 아파서 기어이 이기려 든다. 하지만 인생이 어디 그렇게 단조롭기만 한가. 다양한 사람들이 각기 타고난 재능을 가지고 다양한 인생을 살아가지 않는가. 그러므로 라이벌 심리를 극복하는 길은 '너는 네 복대로 살아라. 나는 내 복대로 살란다' 하고 마음을 먹는 것이다. 이렇게 마음먹고 살다 보면 자신의 영역에서 기쁨을 맛보는 인생을 살 수 있다.

명품을 걸치지 않고서는
남 앞에 설 수 없는 김 대리

금융회사에 다니는 30대 초반의 김 대리의 별명은 명품남이다. 신발이며 옷을 비롯해 각종 전자제품도 명품만 산다. 신제품이 나오면 누구보다 먼저 사야 직성이 풀린다. 구입한 명품은 반드시 블로그에 올려 자랑하기를 즐겼다. 그의 좌우명은 폼생폼사였다. 뭐를 해도 폼이 나야 한다는 주의였다. 심지어 몇 달 전에는 "드라마에서 연예인 누가 타고 나왔는데 폼 나더라" 하며 무리해서 외제차를 구입했다. 아무리 다른 회사보다 연봉이 높다고 해도 월급쟁이치고는 씀씀이가 너무 헤펐다.

더구나 그는 동료들과 함께 식사를 하거나 술을 마실 때면 언제나 먼저 달려가 계산을 했다. 뿐만 아니라 동료들의 생일은 물론이고 집안의 대소사까지 챙겼다. 너무 과한 친절과 호의를 부담스러워하는 동료들도 있었다. 그가 재벌집 아들이라는 소문도 돌았다. 하지만 그는 부모도 안 계시고 가족이라곤 누나 하나밖에 없었다. 그는 결혼도 못하고 있었다.

그러던 어느 날 채권추심위원회에서 연락이 왔다. 그동안 품위를 유지하기 위해서 그가 쓴 돈이 모두 빚이었던 것이다. 십여 장의 카드로 돌려 막기를 하며 아슬아슬하게 살고 있었다. 사태의 심각성을 알게 된 매형이 나서서 월급통장을 누나 명의로 돌려 버렸다. 갖고 있는 명품들과 자가용도 팔았다. 여기저기서 돈을 끌어모아 우선 신용불량자가 되는 것부터 막았다.

그런데 다음이 문제였다. 발등에 급한 불을 꺼 주었더니 고마워하기는커녕 회사를 그만두겠다고 막무가내로 고집을 피웠다. 회사 사람들이 자기를 어떻게 보겠느냐는 것이었다. 부끄러워서 얼굴을 들고 다닐 수가 없다며 아예 방문을 걸어 잠그고 방에서 나오려 하지 않았다.

알고 보니 그는 열등감이 심한 사람이었다. 소위 품위유지비는 자신의 열등감을 숨기는 데 소용되는 비용이었다. 명품을 걸치지 않고서는 부끄러운 자기를 남 앞에 내놓을 수가 없었다. 외제차를 타지 않고서는 사람들을 볼 자신이 없었고, 돈을 쓰지 않으면 아무도 자기를 좋아해 주지 않을 것이라고 믿었다. "지갑에 돈이 없는데 어떻게 사람들을 만나요?"라는 게 그의 주장이었다. 창피를 당할 바에는 차라리 아무도 만나지 않고 방구석에 틀어박혀 살 겠다고 우겼다. 열등감이 그의 인생을 파괴하고 있었다.

낮은 자존감을 가진 사람들은
자신을 부정적으로 평가한다

낮은 자존감을 가진 사람들, 즉 열등감을 가진 사람들은 자신에 대해서 부정적이다. '나는 못난이, 제대로 하는 것이 아무것도 없어'라고 생각한다. 자신의 장래에 대해서 도 부정적이다. '나는 불행할 거야. 내 자식들도 불행할 거야. 파산해서 거지가 될 거야' 하며 쉽게 절망감을 느낀다. 걱정을 사서 해서 탈이다.

　타인들의 반응에 대해서도 부정적이다. 남들이 나를 싫어하고 흉볼 것이라고 믿기 때문에 눈치를 많이 본다. 친구가 무심코 던진 농담 한마디에도 큰 상처를 받는다. 선생님한테 영어 발음을 지적받은 어느 학생은 창피해서 등

교할 수 없다고 했다. 다른 애들이 모두 자기를 '실력 없는 놈'이라고 흉보는데 어떻게 학교에 가느냐고 항변했다. 남들의 반응을 지나치게 일반화(over generalization)시키는 것이다.

이렇게 자존감이 낮은 사람들은 쉽게 상처받고 우울해하며 부정적이다. 따라서 실패하는 쪽을 선택하기 쉽다. 예컨대 대학을 선택할 때도 자기 실력보다 훨씬 낮은 대학에 지원한다. '안전 지원' 했다고 말하지만 낮은 자존감에 의한 패배의식이 작용하는 경우도 있다.

자존감이 낮으면 미래에 대해서도 부정적이다. "어쩐지 나는 결혼하면 불행할 것 같아요. 그래서 망설이다가 이 나이가 돼 버렸어요." 이렇게 말한 노처녀의 마음 깊은 곳에는 낮은 자존감이 있었다. '나 같은 사람은 사랑받고 행복할 수 없을 것이다'라는 부정적 결론을 갖고 있는 것이다. 데이트할 때도 이 생각이 계속 따라다닌다. 남자 친구가 약속 시간에 늦게 나타나면 '그러면 그렇지. 나 같은 것을 사랑할 리 없지' 하며 낮은 자존감을 확인한다.

친구의 중립적 태도도 적대나 거부로 해석한다. 예컨대 친구가 시험공부 하느라고 전화를 며칠 못했을 뿐인데 '내가 싫어진 거야', '지난번 그 일로 틀림없이 화가 났어.

도대체 나는 왜 이 모양일까?' 하며 심각하게 고민한다. 물론 누군가를 사랑하게 되면 상대방은 하늘의 별처럼 귀해 보이고 그 앞에 선 자신은 너무 부족하고 비천해 보인다. 이것이 사랑의 심리다. 문제는 그 정도가 너무 비현실적이라는 것이다. '나는 못난이기 때문에 나를 좋아할 사람이 아무도 없어' 하며 끊임없이 자기를 비하하는 것이 하나의 고정관념이 돼 버린다. 미래에 대해서도 항상 절망적으로 해석한다. '나는 할 수 없어, 또 실패할 거야. 언제나처럼….'

자신에 대한 시각을 바꿔야 한다. 자존감의 회복에 대해서는 내가 쓴 책, 《나를 사랑하게 하는 자존감》을 참고하기 바란다.

"나 같은 죄인은 죽어야 해요"
욕먹지 않으려고 사는 인생

인간을 지독하게 괴롭히는 감정이 죄책감이다. 심한 우울증으로 입원한 40대 부인이 있었다. 부인은 병실 한구석에 웅크리고 앉아서 "나 같은 죄인은 죽어야 해요"라는 말만 수없이 반복했다. 어느 날 부인은 나에게 작은 소리로 애원하듯이 말했다. "선생님, 저를 죽여 주세요. 저는 죽어야 해요." 부인은 수건으로 목을 조르는 자살을 시도하기도 했다. 부인의 우울증은 남편이 자살하고 난 다음에 생긴 죄책감이 원인이었다.

남편은 사업에 실패한 후 매일 술을 마셨다. 부인은 그런 남편이 못마땅하고 미웠다. 그러던 어느 날 부인이 우물에서 배추를 씻고 있는데 남편이 다가오더니 퉁명스럽게 말했다. "나 죽어 불라네"(전라도 사투리로 '나 죽어 버릴 거야'). 부인은 남편이 밉기도 하고 무슨 뚱딴지같은 소린가 해서 들은 척도 안 했다. 그런데 남편은 그 길로 뒷산에 올라가서 소나무에 목을 매달아 버렸다. 부인은 그때 자기가 말리지 않아서 남편이 죽었다고 자책했다. "제가 죽인 거예요. 저는 벌 받아야 해요. 남편 죽인 죄인이 어떻게 음식을 먹고 편히 누워 잘 수가 있어요." 부인의 심정은 이해됐지만 남편의 죽음은 부인 때문이 아니었다. 그래도 지독한 죄책감이 착한 부인을 괴롭히고 있었다.

만족의 샘에는 '접근 금지'

우리는 시시때때로 죄책감의 공격을 받는다. 죄책감이 밀려오면 부끄러워서 얼굴을 들 수가 없고 죄에 대한 처벌이 두려워서 안절부절못하고 숨을 곳을 찾는다. 특히 죄책감은 성욕, 분노와 공격 충동, 욕심과 지배 욕구 등 인간의 욕구로 인해 생긴다. 그런데 유난히 죄책감을 심하게 느끼는 사람들이 있다. 후회도 잘하고 자책하고 자학하는 사람들이다. 그들은 특별히 잘못한 일이 없어도 죄책감을 느낀다. 사람들로부터 존경을 받는 사람 중에도 죄책감에 빠져서 힘들어하는 경우를 나는 보았다.

'내가 죽일 놈이다. 나는 부끄럽다. 나의 진짜 모습을 알면 아내도, 자식들도 그리고 주변 사람들 모두 실망하고 나를 떠날 것이다. 나는 좋은 옷을 입어서도, 좋은 음식을 먹어서도 안 된다. 나는 그럴 자격이 없는 놈이다.'

백화점에 가도 가족들의 옷은 사 주면서 정작 자기 옷은 못 산다. 식당에 가서도 비싼 음식을 먹고 싶지만 주문하지 못한다. 용기를 내어 조금 비싼 음식을 먹고 나면 아프게 후회한다. '자장면을 주문해야 했어.' 자기는 어떤 즐거움도 누릴 자격이 없는 사람이라고 생각하기 때문이다. 부부간의 성생활도 의무적일 뿐 즐거움은 없다. 인생의 낙이 없고 무거운 책임감만 바위처럼 마음을 짓누른다.

무슨 일을 맡아도 완벽하게 하지 못할 것을 걱정한다. '욕먹지 않게 잘해야 하는데….' 마치 욕먹지 않으려고 사는 인생 같다. 유머와 센스도 없어서 주변에 인생을 즐겁게 사는 사람들을 보면 왠지 모르게 억울해서 화가 치민다. 인생이 메마르고 사막 같아서 목이 마르지만 만족의 샘에는 '접근 금지' 팻말을 붙이고 다가가지 못한다. 죄책감이 처벌의 칼을 들고 지키고 있기 때문이다. 이런 사람들은 우울증에 빠지기 쉽다. 회복도 비교적 더딘 편이다. 회복된다 해도 여전히 사막 같은 인생이 기다리고 있기 때문이다. 자살로 생을 마감하는 사람들도 많다. 마음도 견딜 수 있는 인내의 한계가 있기 때문이다.

이렇게 죄책감에 잘 빠지는 사람들은 유년기를 불행하게 보낸 경우가 많다. 비단 경제적인 불행만을 의미하는 것이 아니고 생활 환경을 의미한다. 특히 너무 엄한 부모 밑에서 자란 자녀의 심적 환경은 불행하다. 가혹하게 처벌하는 부모, 얼음처럼 차갑고 비정한 부모, 너무나 높은 기준을 강요하는 부모, 아이의 능력과 관계없이 명품 자식을 요구하는 부모는 자식의 성격을 자학적 성격으로 만든다.

인간이 성장한다는 것은 자기를 성찰하여 마음에서 강력하게 작동하고 있는 유년기의 병적인 영향을 찾아내고 치유하는 것이다. 나는 이것을 '마음속의 아이 찾기'라고 이름 붙였다. 많은 사람들이 어릴 적 경험은 과거에 끝났다고 생각한다. 다시 말해 과거 완료형이라고 생각하는 것이다. 그러나 정신분석을 통해 마음속에 들어가 보면 결코 완료되지 않았음을 발견하게 된다. 아직도 너무나 생생하게 마음을 지배하고 있다. 현재 진행형인 것이다.

나는 분석실에서 거의 매일 유년기 경험이 '휘두른다'고 말할 수 있을 만큼 강력한 힘을 발휘하는 것을 본다. 마음을 억누르는 유년기의 대상으로부터 해방되는 것이 인생의 큰 숙제다. 쉽지는 않지만 가능한 일이다.

마음이 너무 힘들 때
자살을 시도한다

마음이 너무 힘들 때 사람들은 자살을 생각한다. 우울증에 빠진 여자 환자가 자살기도를 했다. 수면제를 먹고 손목을 면도칼로 그었다. 심한 출혈이 있었지만 다행히 그녀는 목숨을 건졌다. 자살하기 전에 꾼 꿈이 자살 당시 그녀의 속마음을 잘 보여 주었다.

꿈에 그녀는 겨울 산에서 눈보라를 만났다. 눈보라는 몰아치는데 산은 바위산이고 자신은 발이 부러져서 목발을 딛고 있었다. 앞으로도 뒤로도 갈 수 없는 진퇴양난의 상황이었다. "그때 갑자기 골짜기 건너편에 따뜻하고 평화로운 꽃동산이 있는 것을 보았어요. 그리고 점점 기운이 빠져서 몸을 지탱하고 있던 목발을 놓치고 말았지요." 이 꿈에서 환자가 삶의 눈보라를 만났는데, 따뜻하고 평화로운 다른 세상을 보고 삶의 투쟁을 포기해 버렸다는 것을 알 수 있다.

자살을 시도한 30대 후반의 직장인이 선배와 함께 찾아왔다. 회사 건물에서 떨어진 그는 처음에는 사고라고 주장했지만 주식 폭락 때문에 고민이 많았다는 선배의 말에 마지못해 "사실은 자살하려고 했습니다"라며 힘없이 고개를 떨구었다.

그는 결혼 10년 차로 두 아이를 둔 가장이었다. 아무리 알뜰살뜰 절약하며 살아도 두 아이 밑으로 들어가는 사교육비를 감당할 수 없었다. 그러던 중 친구의 권유로 주식 투자를 시작했는데 예상외로 성과가 좋았다. 단기간에 많은 수익을 얻게 되자, 힘들게 일해서 받는 빠듯한 월급에 비해 별 다른 수고를 하지 않고도 고수익을 얻을 수 있는 주식에 매료되었다. 그는 더 큰 수익을 얻고 싶은 욕심에 자기가 가진 돈뿐 아니라 부모님의 돈까지 긁어모아 재투자를 했다.

하지만 더 이상 행운은 따라 주지 않았다. 엄청난 손해를 본 것이다. 스트레스로 원형 탈모증까지 생겼다. 어떻게든 잃은 돈을 만회하고 싶어서 부인 몰래 집을 담보로 은행에서 대출을 받아 재투자를 했다. 하지만 또 실패했다. 결국 월급 차압까지 들어왔고 직장 동료들 보기도 창피했다.

생활이 어려워지자 아내는 파출부로 일했고 아이는 혼자서 집을 지켰다. 학원은 엄두도 못 냈다. 그는 죄책감으로 괴로웠다. 특히 빚쟁이들의 전화를 받을 때면 피가 마르는 것 같았다. 전화벨만 울려도 죄인처럼 놀랐다. 매일매일이 숨조차 쉴 수 없을 정도로 힘들었다. 성격이 소심한 그는 남에게 절대 아쉬운 소리를 못하는 사람이어서 돈을 빌려 달란 말을 못했다.

그런 그가 빌린 돈을 갚지 못해 독촉을 당하고 보니 매일 고문을 받는 것처럼 힘들었다. 회사 생활 역시 가시방석이었다. 동료들이 자기를 마치 인생의 낙오자나 도박꾼으로 보는 것 같았다. 돈 없는 자기를 피하는 것 같기도 했다. 그가 돈 부탁이라도 할까 싶어 시선도 피했다. 점심도 자기들끼리만 먹으러 갔고 회식도 그만 따돌리고 하는 눈치였다.

그러던 어느 날 평소 아끼고 챙겨 주던 후배 직원의 아들 돌잔치가 있었는데 자신만 초대받지 못했다는 사실을 뒤늦게 알게 되었다. 충격이었다. 다른 사람은 몰라도 친동생 이상으로 아낀 그 후배만큼은 자기를 무시해선 안 된다는 게 그의 생각이었다. 후배가 회사에 입사하도록 끌어 준 것도 자기였다. 도박으로 후배의 집이 경매로 날아가게 되었을 때 집을 잡아 준 것도 자기였다.

그는 배신감으로 괴로웠다. '역시 돈이 없으니까 무시하는구나. 사람대접 받기 틀렸구나.' 내가 어쩌다가 이렇게 되었나 싶어 억울하고 분했다. 주변을 둘러보았지만 아무도 보이지 않았다. 모두 떠나 버리고 막막한 사막에 혼자 버려진 느낌이었다. '아내에게 짐만 되는 낙오자, 나 같은 놈은 없어지는 게 낫다.' 그렇게 해서 그는 옥상에서 뛰어내렸다.

'살기'가 '죽기'보다
더 어려운 것이 인생이다

나는 지난 40여 년간 정신과 의사로 살았다. 그동안 자살 환자들을 많이 만났다. 그들은 하나같이 공통된 생각을 하고 있었다. 죽으면 이 지독한 인생의 고통이 끝난다는 믿음이었다. 죽으면 편한 세상에 갈 수 있다는 믿음이었다. 그러나 그것은 큰 오산이다. 자살도 살인 행위다. 죽으면 고통이 끝나는 것이 아니고 영원한 고통이 시작되는 것이다.

또한 자살은 뒤에 남은 부모나 가족들과 동료, 친구들에게 죄책감을 안겨 준다. '내가 잘못해서 자살한 거야. 내가 죽인 거야.' 이런 죄책감은 씻을 방법이 없기 때문에 평생을 따라 다니며 가족들을 괴롭힌다. 그래서 자살자는 뒤에 남은 가족과 친구들에게 엄청난 고통을 안겨 주고 떠나는 것이다. 남편이 자살한 뒤 심한 우울증에 빠진 부인은 먹지도 자지도 못하고 하염없이 울기만 했다.

그런 의미에서 자살은 아주 이기적인 행위다. 자기 혼자 편하자고 스스로 목숨을 끊음으로써 남은 가족들을 지독한 고통으로 밀어 넣는 것이다. "오죽 고통스러웠으면 자살했을까" 하고 자살자를 동정해서는 안 된다. 정신과 의사들은 이런 동정심이 자살을 부추긴다고 본다. "나는 자살할 만했다. 왜냐하면 내 고통이 컸기 때문에…"라고 자살을 정당화하기 때문이다.

더구나 우리 민족은 정이 많아서 죄지은 사람을 비난하다가도 막상 그 사람이 감옥에 간다든지, 중병에 걸려 불행해지면 "참 안됐다. 그렇게까지 할 필요는 없었는데…" 하며 동정론으로 돌아서 버린다. 그리고 자살이라도 해버리면 그가 죄를 뉘우쳤든지 아니든지 간에 죽음을 애도하고 칭송하기까지 한다. 자살이 정당화되면 자살자들은 더 증가할 수밖에 없다. 자살은 도피다. 고통을 안고 인내하며 살기가 단번에 죽어 버리기보다 더 어려운 것이다.

'살기'가 '죽기'보다 더 어려운 것이 인생이다. 인생의 현실은 지독하고 고통스러울 때가 많다. 고통을 피하기 위해서 자살 유혹을 느끼는 순간도 있다. 그러나 명심해야 한다. 힘들지만 인내하고 버티면 도무지 걷힐 것 같지 않던 불행과 고통도 어느 순간 맑게 걷히며 행복으로 바뀐다는 것을.

마음이 무슨 무쇠인지 아는가?
: 상처 나고 무너지기 쉽다

마음은 유리같이 깨지기 쉽다. 우리는 사소한 일에서도 억울함, 분노, 불안감, 고독, 수치심, 죄책감 등을 느낀다. 이를 방치해 두면 병이 된다. 이 병은 공황장애와 우울증을 일으키고 심지어 정신분열증을 일으키기도 한다.

억눌린 분노는 몸과 마음을 병들게 한다. 30대의 회사원 박 대리는 자신을 종 부리듯 하는 서 과장 때문에 마음 편할 날이 없었다. 어느 날 서 과장이 박 대리에게 은밀한 부탁을 했는데 거절하자 그때 이후 서 과장은 무서운 직속상관으로 돌변했다. 이후 박 대리는 분노 때문에 탈모와 얼굴이 화끈거리는 증상이 생겼다.

마음을 아프게 하는 감정 중 하나는 슬픔과 상실감이다. 40대의 김 과장은 암으로 부인을 잃었다. 우울증에 빠진 그는 기운도 없고 만사가 귀찮았다. 하루가 멀다 하고 술을 마셨고 결근도 잦았다. 어느 날 부하 직원이 청첩장을 돌리면서 김 과장만 빼고 돌렸다. 김 과장은 지독한 소외감을 느끼고 사표를 냈다. 홀로 남은 자신이 너무 초라해 보여서 남들이 자신을 무시한다고 느낀 것이다.

학창 시절 내내 1등만 했던 엄친아가 대기업에 입사했다. 회사에 와 보니 입사 동기들은 거의 수재들이었고 집안도 좋았다. 그런데 유독 눈에 거슬리는 동기가 있었는데 학창 시절에 별로 두각을 나타내지 못했던 동창생이었다. 그런 동기가 유학파란 이유로 초고속 승진을 했다. 이후 엄친아는 잠을 이루지 못하는 날이 많아졌다.

30대 초반의 김 대리 별명은 명품남이다. 신발이며 옷을 비롯해 각종 전자제품도 명품만 산다. 얼마 전에는 무리해서 외제차를 구입했다. 그는 열등감이 심해서 빚을 내서 명품을 샀던 것이었다. 신용불량의 위기가 오자 김 대리는 얼굴을 들고 다닐 수가 없어서 회사를 그만두겠다는 결심을 했다.

유난히 죄책감을 심하게 느끼는 사람들이 있다. 백화점에 가서도 가족들의 옷은 사면서 정작 자기 옷은 못 산다. 식당에 가서도 비싼 음식을 먹고 싶지만 주문하지 못한다. 무슨 일을 맡아도 '욕먹지 않게 잘해야 하는데' 하며 걱정한다. 욕먹지 않으려고 사는 인생같다. 죄책감에 잘 빠지는 사람들은 유년기를 불행하게 보낸 경우가 많다.

Part 4

마음은
필사적이다

: 상처를 피하려고 벌이는 몸부림

상처받지 않으려고 무의식적으로
방어기제를 쓰는 양 대리

IT 회사에 다니고 있는 양 대리는 1년 전 심장 발작을 일으켰다. 응급실로 실려가 구사일생으로 살아난 그는 금주를 선언했다. 금주를 결심한 데는 의사의 충고도 충고였지만 일 욕심이 많은 그가 새로 맡게 된 프로젝트도 한몫했다. 이번 프로젝트는 아주 중요했다. 승진은 물론이고 회사 내 입지를 굳힐 수 있는 좋은 기회였다. 무슨 일이 있어도 성공시켜야 할 프로젝트였다. '프로젝트에만 집중하자. 술을 끊자.' 그리고 회사 동료들과 가족들에게 금주를 선포했다.

술친구들은 아쉬워했지만 아내와 아이들은 좋아했다. 특히 아이들이 아빠를 달리 보는 것 같아 내심 기분이 좋았다. 이번 기회에 건강도 챙기고 승진도 하고 아버지로서 위신도 세우고 싶었다. 한동안 몇 번의 위기가 있었지만 동료들의 배려와 가족들의 응원으로 금주 결심을 지킬 수 있었다. 몸도 한결 좋아졌고 프로젝트도 별 무리 없이 진행되고 있었다.

그런데 어느 날 그동안 힘겹게 쌓아 온 양 대리의 공든 탑이 무너질 위기에 봉착했다. 새로 부임한 민 과장 때문이었다. 민 과장은 자신의 부임을 축하하는 회식 자리에서 술을 마시지 않은 양 대리를 곱게 보지 않았다. 아무리 권해도 한사코 거절하는 양 대리가 자신을 무시한다고 생각해서 괘씸했다. 아무리 큰 결심을 했다고 해도 상사가 극구 권하면 한두 잔 정도는 예의상 마셔야 하는 것 아니냐고 생각했다.

그 후 민 과장은 노골적으로 서운한 감정을 드러냈다. 툭 하면 양 대리를 공개적으로 질책했다. 감당하기 버거운 업무도 시켰고 큰 프로젝트를 진행하고 있는 양 대리에 대한 배려도 없었다. 그리고 틈만 나면 술자리 기회를 만들어 양 대리의 결심을 흔들었다. 조금씩 밀리던 양 대리는 결국 회식 자리에서 민 과장이 건네는 술을 받아 마셔 버렸다.

양 대리가 잔을 받아 마시자마자 민 과장은 쾌재를 불

렀다. 그 순간 마치 권위를 회복한 듯이 의기양양했다. 그러고는 그동안 양 대리가 조직 생활에서 얼마나 큰 잘못을 저질렀는지를 나름의 논리로 비난했다. "적당한 아부와 음주 가무는 조직 생활에 없어서는 안 될 조건이야. 양대리도 알잖아. 그동안 양 대리 때문에 부서 분위기가 엉망이었어. 편하게 살려면 앞으로 조심해야 할 거야." 그날 밤 양 대리는 예전처럼 다시 술을 마셨고 다음 날 아침술이 깨자 지독한 후회감이 밀려왔다. 건강도 걱정되고아내와 가족을 볼 면목도 없었다. 자신에게 실망도 했다.

'민 과장이 뭐가 예쁘다고 내가 이런 짓을 하는 거야?'

그날 이후 양 대리는 자신감을 잃었다. 인간은 패배감을느낄 때 자존감이 무너진다. 양 대리는 특히 민 과장만 보면 이상하게 주눅이 들었다. 회사 출근하기도 싫어졌다. 양 대리와 달리 민 과장은 활달하면서 말도 잘하고 유머감각이 뛰어나서 사람들이 잘 따랐다. 권위적이지만 리더십이 있어서 동료들은 그의 비위를 맞추는 편이었다. 민 과장한테 아부하며 줄 서는 동료들이 비겁해 보였다.

민 과장이 두려우면서도 그런 자신이 비참하고 처량해 보였다. 자기를 이렇게 만든 민 과장이 미웠다. 그가 없어졌으면 좋겠다는 생각이 자꾸만 들었다. 밤마다 그를 어떻게 하면 없앨 수 있을까 궁리하느라 잠을 설치기도 했다. 교통사고 뉴스를 보면 민 과장이 사고로 피투성이가 되어 있는 모습이 떠올랐다. 마치 자기가 그 사고의 가해자라도 된 것처럼 죄책감을 느끼기도 했다.

양 대리는 속죄라도 하듯 피로 회복제를 박스째 사다가

"어제 과음하셨죠. 이거 드세요" 하고 민 과장에게 바쳤다. '민 과장이 뭐가 예쁘다고 내가 이런 짓을 하는 거야?' 스스로도 자신의 행동을 이해할 수 없었다. 이런 행동을 정신분석에서는 취소(undoing)라고 부른다. 양 대리는 상상 속에서였지만 민 과장을 공격하고 피투성이를 만들었고 그로 인한 죄책감을 느꼈다.

피로 회복제는 일종의 속죄 행위라고 볼 수 있다. 죄책감의 아픔을 걷어 내기 위하여 마음이 사용한 전략이다. 그래도 여전히 민 과장이 밉고 두려웠다. 회사 생활은 점점 더 어려워졌다. 그나마 양 대리가 유일하게 기댈 수 있는 것은 프로젝트였다. 이번 프로젝트만 성공하면 자신도 민 과장과 동등한 과장이 된다는 희망으로 모든 것을 걸었다.

그런데 양 대리의 기대는 무너지고 말았다. 프로젝트는 성공했는데, 그 공로는 팀장 격인 민 과장에게 돌아가 버렸다. 양 대리에게 돌아온 것은 약간의 성과급뿐이었다. 승진도 민 과장이 했다. 재주는 곰이 넘고 돈은 주인이 챙긴다더니 모든 영광이 민 과장에게 돌아갔다.

동료들은 양 대리를 동정했다. "애초에 프로젝트가 양 대리의 아이디어였고 양 대리는 주말도, 휴가도 없이 밤

낮으로 프로젝트에만 매달렸는데 이건 회사가 너무한 거야."그런데 정작 당사자인 양 대리의 반응은 의외로 담담했다. 윗사람들한테 잘 보이지 못한 처신 탓이고 자업자득이라며 성격 좋고 말 잘하는 민 과장한테 공이 돌아가는 게 당연한 건지도 모른다고 했다.

양 대리의 말을 들은 동료들은 이해하기 어려웠다. 양 대리는 민 과장에게 향하던 분노의 화살을 자신을 향해서 쏘고 있었다. 정신분석에서는 이런 행동을 자기에게로의 전향(aggression turning against self)이라고 한다. 민 과장을 공격하기가 두려워서 이렇게 분노를 자학적으로 처리하는 것이다.

미운 상사를 닮아 가는
양 대리

그 뒤 양 대리는 회식 자리가 있을 때마다 폭음을 했다. 그러던 어느 날 사무실에 갓 대학을 졸업한 신입 사원이 입사했다. 활달한 성격에 일도 잘하고 성실하여 동료들은 그를 좋아했다. 그런데 그는 종교적인 문제로 술을 마시지 않았다. 그게 양 대리의 눈에 거슬렸다. 양 대리는 회식 때마다 신입에게 술을 권했다. 신입이 술잔을 정중하게 거절했지만 무시당하는 것 같아 화가 났다. 그래서 그럴 때마다 윽박지르듯 언성을 높였고 그러면 곧 회식 자리는 썰렁해졌다.

강요에 못 이겨 신입이 잔을 받아 마시는 것을 보고서야 기분이 풀렸다. 그 후로도 그는 신입에게 술을 억지로 권했다. 뿐만 아니라 신입의 아이디어를 자신의 것처럼 상부에 보고하기도 했다. "아이디어가 참신하다"는 칭찬을 듣고 기분이 좋았다. 그런데 그런 날 밤에는 여지없이 폭음을 했다. 자기가 하고 있는 행동이 그렇게도 싫어하던 민 과장의 행동과 똑같았던 것이다. 술 권하는 것도 그렇고 신입의 아이디어를 도용하는 것도 민 과장의 행동이었다.

정신분석에서는 이런 행동을 공격자와의 동일화(identification with aggressor)라고 부른다. 강하고 힘 있는 대상을 따라 하는 것이다. 그렇게 해야 자기도 힘 있는 강자가 된다고 믿기 때문이다. 강해야 패배의 아픔을 피할 수 있다. 패배의 아픔을 피하기 위해서 양 대리의 마음이 만들어 낸 전략이었다. 그러나 양 대리는 이런 자신의 모습을 견딜 수가 없었다. 자신도 밉고 민 과장도 미웠다.

그러던 어느 날 양 대리는 출근길에 또 한 번 가슴에 심한 통증을 느끼고 쓰러졌다. 다시 응급실로 실려 갔다. 심근경색이었다. 심장을 먹여 살리는 혈관이 막혔다고 했다. 카세타로 막힌 혈관을 뚫었고 스턴트도 심었다. 숨쉬기가 편해졌고 가슴 통증도 사라졌다. 걸을 수도 있게 되었다.

심장내과 의사는 양 대리에게 정신과 상담을 받아 보는 것이 좋겠다고 은근히 권했다. 그렇게 양 대리는 정신과에 오게 되었다. 민 과장에 대한 화를 적절하게 처리하지 못한 것이 양 대리의 문제였다. 이런 사람들에게 심근경색이 잘 온다. 양 대리의 마음은 나름대로 분노를 처리한다고 애썼지만 효과적인 방법이 아니었다.

마음이 마음을 보호하는 방법,
방어기제

마음이 상처받고 괴로울 때 마음이 마음을 보호한다. 정신분석에서는 이것을 방어기제(defense mechanism)라고 한다. 예컨대 의식에서 견디기 어려운 분노나 부도덕한 욕구를 의식의 지하실인 비의식으로 추방한다. 억압이라는 방어기제다. 우선 보이지 않게 가려 두면 편하기 때문이다. 억압해 둠으로써 마음을 위험으로부터 보호하는 것이다.

　방어기제는 마음에 평화를 주는 좋은 면도 있지만 노이로제나 정신병 증상을 만들기도 하는 양면을 가지고 있다. 즉 방어기제는 마음의 아픔을 가리는 방패막이 역할을 하지만 마음의 진실을 은폐하기도 한다. 그래서 마음의 진실을 이해하기 위해서 자신의 방어기제를 잘 분석해 볼 필요가 있다. 방어가 벗겨질 때 속마음에 숨어 있는 욕구나 수치심이 드러난다. 그래서 새로운 방어기제를 동원하여 더 깊이 숨기기도 한다. 이런 방어들은 본인도 모르게 비의식 중에 마음속에서 작동한다. 이것을 보여 주는 흥미로운 실험이 있었는데 동성애와 불감증 환자들을 대상으로 한 실험이었다.

성에 대한 죄책감을 느끼고 성욕을 못 느끼는 불감증 여성도 성욕이 없는 것은 아니다. 오히려 더 강한 성욕을 가지고 있다. 다만 방어하고 있을 뿐이다.* 방어기제 때문에 의식적인 성 흥분과 비의식적인 성 흥분이 달라졌을 뿐이다.

모로코프는 여성들에게 섹스 비디오테이프를 보여 주었다. 섹스 비디오를 보는 동안 클리토리스(clitoris)의 크기를 측정하여 성적 흥분을 평가하였다. 성적 흥분을 얼마나 느끼는가를 물어서 주관적으로 느끼는 흥분의 정도도 측정했다. 설문지를 통하여 성적 죄책감도 측정하였다.

죄책감을 많이 느끼는 여성들은 성 흥분도 별로 느끼지 못했다. 그렇지만 이들의 성기는 이와는 다른 이야기

---

* Morokoff, P. J. "Effects of sex guilt, repression, sexual arousability, and sexual experience on female sexual arousal during erotica and fantasy", *Journal of Personality and Social Psychology* (1985), 49, pp. 177-187.

를 하고 있었다. 성적 죄책감이 많은 여성이 육체적 흥분은 더 강력했던 것이다. 다시 말하자면 주관적 성 흥분을 잘 못 느낀다고 해서 성욕 자체가 약한 것은 아니라는 것이다. 오히려 더 강한 성욕을 느끼는데 이를 방어하기 때문에 의식에서 성 흥분을 못 느낄 뿐이었다.

불감증도 그렇고 동성애 공포증도 성적 욕구는 강한데 이를 방어기제가 막고 있어서 주관적으로는 느끼지 못하는 것이었다. 이런 과정이 비의식에서 일어난다. 이는 정신분석의 핵심인 비의식에서 일어나는 욕구에 대한 방어기제의 작용을 보여 주는 실험이다. 마음은 다양한 방어기제를 사용하고 있다. 이제 정신분석에서 밝혀 낸 중요한 방어기제에 대해서 소개하겠다. 마음의 신비를 잘 보여 줄 것이다.

양심의 가책을 느낄 때 사용하는 '취소'

앞서 소개한 양 대리의 경우, 상상 속에서 민 과장을 공격하여 피투성이를 만들었으나 현실에선 피로 회복제를 사다 주는 행위는 취소 기능에서 나온 것이다. 다른 예를 들어 보자. 자매가 있었다. 동생은 예쁜데 언니는 평범했다. 동생은 어느 자리에 가나 언니를 제치고 관심을 끌었다. 이런 동생 때문에 언니는 어려서부터 늘 열등감을 느꼈다. 특히 동생의 큰 눈과 고른 치아는 괴로울 정도로 부러웠다. 동생이 미웠다. '동생이 죽어 버렸으면 좋겠다'는 생각도 했다. 언니는 이런 자신이 실망스럽고 싫었다. 자신이 유치해 보여서 부끄러웠다.

그날도 아침 식탁에서 동생은 정말 예뻤다. 특히 밝게 웃을 때 드러난 고르고 하얀 치아는 언니의 질투심을 자극했다. 그때 문득 아주 악랄한 생각이 뇌리를 스쳤다. '저 애의 이빨이 몽땅 빠져 버렸으면 좋겠다. 할머니 입처럼 합죽이가 됐으면 좋겠다.' 동생의 이가 몽땅 빠져 버리기를 바라는 은밀한 소원이 이런 판타지를 불러일으킨 것이다. 상상 속에서였지만 언니는 동생의 치아를 몽땅 빼 버리는 행동을 했다. 언니는 심한 죄책감을 느꼈다. '아니 내가 이런 생각을 다 하다니, 나는 정말 나쁜 언니로구나. 하나님께서 무서운 벌을 내리실 거야.' 마음은 처벌 불안으로 두려웠고 양심의 가책으로 괴로웠다.

그때였다. 언니는 자기도 모르게 벌떡 일어나 냉장고로

갔다. 그리고 치아를 튼튼하게 해주는 우유를 컵에 가득 따라서 동생에게 주었다. "이거 마셔라, 우유가 치아에 좋단다." 죄책감을 씻기 위한 행동이었다. 언니는 사실 이렇게 말하고 싶었다. '나는 동생을 사랑하는 언니예요. 동생의 치아를 보호해 주는 착한 언니예요. 보세요. 동생에게 치아에 좋은 우유를 주고 있잖아요. 절 나쁜 언니로 보지 말아 주세요. 벌주지 말아 주세요.'

동생에게 우유를 준 행동은 자신의 악랄한 행동을 취소하고 싶은 마음에서 나온 것이다. 이렇게 하면 언니의 마음은 좀 편해진다. 가책도 줄어든다. 마음을 괴로움으로부터 구해 주는 행동이다. 이런 심리 현상을 정신분석 용어로 취소(undoing)라고 한다. 취소는 특히 죄책감을 느끼는 사람들이 많이 사용하는 방법이다. 죄책감을 씻기 위해서 기부금이나 교회에 헌금을 내는 것도 이런 심리다. 이런 방법도 방어기제의 일종이다.

문제는 죄책감의 문제를 근본적으로 해결하지 못하고 일시적으로 마음의 위안을 얻는 데 그친다는 것이다. 이상적으로 말해 언니가 동생의 치아를 진정으로 기뻐해 주고 예쁜 동생을 가진 것을 감사하게 생각할 수 있다면 죄책감도 없고 취소도 필요 없게 될 것이다. 그러나 인생이 어디 마음먹은 대로 되는가? 인생은 갈등의 연속이고 마음은 끊임없이 미움과 질투 그리고 죄책감에 시달린다. 그래서 자아는 궁여지책으로 방법을 찾을 수밖에 없다. 자아는 양심이라는 힘든 상전을 모시고 살고 있다.

자기보호와 체면 유지를 위한 '합리화'

합리화(rationalization)라는 방어기제를 살펴보자. 성욕을 참지 못해 사창가에 다녀온 청년이 죄책감으로 괴로웠다. 양심의 가책을 느꼈기 때문이다. 성적 욕구는 계속 여성의 육체를 찾는데 양심은 행동을 금지한다. 그는 갈등에 빠졌다. 죄를 지었으니 벌이 두렵다. 마음이 복잡하고 괴롭다. 이때 자아가 마음을 돕기 위해서 합리화의 방어기제를 사용했다. "영웅호색이란 말도 있잖아. 큰 인물이 되려면 여러 가지 경험이 필요해. 사창가에 가는 것도 인생 경험이야. 성욕 때문이 아니고 큰 인물이 되기 위한 훈련이야." 청년은 마음이 편해졌다.

  합리화는 비교적 병적인 방어기제이기 때문에 건강한

해결은 못 된다. 하지만 나름대로 내적인 평화를 회복하는 역할을 한다. 합리화는 인식하지 못한 동기에서 나온 행동의 동기를 그럴듯하게 꿰맞추는 방어다. 그 행동 속에 숨어 있는 실제 원인은 의식에서 용납할 수 없는 내용이므로 당사자는 모르고 있으며, 그로서는 그 행동에 대한 가장 도덕적이고 합리적인 이유라고 생각한다. 그래서 이때 실제 동기를 지적당하면 화를 낼 것이다. 예컨대 앞에 소개한 청년의 경우 누군가 "너는 합리화하고 있어. 사창가에 간 것은 인생 공부를 위한 것이 아니었어. 성욕을 못 참아서 그런 데 간 거였어"라고 지적한다면 몹시 화를 낼 것이다.

이솝우화 중 '여우와 신 포도'는 합리화의 좋은 예다. 포도를 따먹으려고 점프를 여러 번 시도했지만 실패한 여우가 실패를 합리화한다. '나는 저런 신 포도는 좋아하지 않아.' 실패를 인정하는 것은 정말 괴로운 일이다. 그래서 실패를 변명하는 합리화를 사용한다. 여우가 포도 따먹기를 포기한 것은 자신의 무능 때문이 아니라 포도 맛이 시기 때문이라는 합리화였다. 이렇게 하면 우선 마음은 편해진다. 그렇다면 우리의 신 포도는 무엇일까?

"한국은행의 돈이 다 내 것이다"라고 믿고 있는 과대망상 환자가 있었다. 그는 회진을 온 의사에게 100만 원짜리 수표를 건넸다. 신문지를 찢어서 만든 수표였지만 태도는 아주 진지했다. 가난해 보이거나 돈이 필요할 듯싶은 다른 환자들에게도 선뜻 수표를 써 주었다. 그는 심리적으로 큰 부자였고 자신감이 넘쳤다. 그러나 담배가 떨어지면 꽁초를 주워 피웠다. 꽁초를 줍고 있는 그를 다른 환자가 놀렸다. 그때마다 그는 "도장을 잃어버려서 은행에서 돈을 못 찾는다"고 진지하게 대답했다.

그의 마음속에는 두 개의 현실이 있는 것 같았다. 큰 부자라는 현실과 가난뱅이 현실이 그것인데, 이 두 현실은 상반되거니와 논리적인 설명이 불가능한데도 공존하고 있었다. 그리고 그는 이 두 현실 사이에서 모순을 느끼거나 고통을 느끼지 못하는 것 같았다. 이것을 가능케 하는 것이 합리화다. 이 환자의 경우 '도장을 잃어버려서…'라는 합리화의 방어기제를 사용했다.

이런 환자도 치료되어 건강한 정신을 가진 합리적인 사람이 되면 '무일푼의 부자란 있을 수 없다'는 현실을 인정하게 되고 가난한 자신의 현실로 돌아온다. 이처럼 논리적으로 모순되는 두 개의 심리적 현실이 공존하면서도 괴로움도 없고 갈등도 느끼지 않는 심리를 정신의학에서는 논리불통의 방(logic-tight compartment)이라고 한다.

이런 심리는 소위 정상적이라는 사람들에게서도 볼 수 있다. 예컨대 도덕성을 부르짖고, 덕망과 국민의 신뢰를 한 몸에 받던 정치인이 더러운 뒷거래를 하고도 양심의 가책을 전혀 느끼지 않는 경우가 여기에 속한다. 이들은 지적을 당하면 "국민을 위해서 그럴 수밖에 없었습니다"라거나 "피할 수 없는 상황 때문이었다"고 합리화한다.

또 다른 예를 든다면 바람둥이 남자가 결혼 상대로 처녀성을 가진 여자를 찾는 경우다. 세상 남자와 여자들이 모두 자기처럼 바람을 피운다면 처녀가 남아 있을 리 없다. 이렇게 바람둥이 행동과 처녀성의 요구가 상반되는 것인데도 모순 없이 존재할 수 있는 것은 자기 합리화 때문이다. 세상에는 더 큰 비행을 저지르며 살면서도 남의 허물은 헐뜯고 비난하기를 좋아하는 논리불통의 방을 갖고 있는 사람들이 있다. 이런 심리는 마음의 분열 상태로서 인격의 성장을 막고 대인관계의 곤란을 초래하기도 한다.

합리화는 자기 보호와 체면 유지를 위한 아주 흔한 방어기제지만 자기기만이 지나치거나 병적으로 심하면 정신병적 망상을 만들게 된다. 그러나 합리화는 거짓말과는 다르다. 합리화는 비의식의 방어기제로 자기도 모르게 행

동을 합리화하는 것이고, 거짓말은 본인이 그 행동의 설명
이 허구라는 것을 충분히 의식하고 있다는 점에서 다르다.

미운 놈 떡 하나 더 주는 심리, '반동형성'

겉으로 나타나는 태도나 언행은 사랑의 행동인데 마음은
미움이다. 이처럼 행동과 마음속의 욕구가 정반대로 나타
나는 것을 반동형성(reaction formation)이라고 한다. 우리 속
담에 '미운 놈 떡 하나 더 준다'는 말이 있다. 미우면 주먹
을 한 방 더 먹여야 할 텐데 반대로 떡 하나 더 주는 것은
마음을 위험으로부터 지키기 위한 방편이다.

미운 사람을 때려 주면 보복당할 위험이 높다. 또한 상
대가 아버지나 어른일 때는 패륜아라고 비난받는다. 이런
위험을 피하기 위해서 떡을 하나 더 주는 것이다. 마음은
미운데 겉으로는 웃고 사랑의 제스처를 취한다. 그래야 편
하기 때문이다. 즉 비의식의 밑바닥에 흐르는 생각, 소원,
충동이 너무나 부도덕하고 받아들이기 두려울 때, 이와는
정반대의 것을 선택함으로써 의식을 보호하는 것이다.

남편이 다른 여자와 바람이 나서 딸을 낳아 왔는데, 이 아이를 과잉보호하는 부인이 있었다. 딸을 볼 때마다 아이 생모 생각이 나서 딸을 죽이는 상상을 하며 놀라곤 했다. 그럴수록 부인은 딸을 더 정성스럽게 보살폈고, 눈에 안 보일 때는 딸이 피투성이가 되어 죽어 있는 상상에 놀라 미친 듯이 찾아 나서기도 했다. 부인은 딸이 걱정돼 안절부절못하고 전화로 안부를 자주 확인했다. 이런 부인의 모습이 남편에게는 천사처럼 보였다. 그러나 딸에 대한 헌신적인 사랑은 실제로 증오에 대한 반동형성의 결과였다.

취소와 반동형성은 '반대로 행동한다'는 점에서 비슷한 점이 있다. 그런데 취소는 반동형성과 달리 일단 저지른 행동(doing)을 취소하는 행동(undoing)을 한다. 따라서 취소는 죄책감을 동반한다는 점에서 반동형성과 다르다. 즉 죄책감을 해결하기 위해 자신의 행동을 무효화하는 것이 취소인 반면 반동형성은 보복이 두려워서 공격적 행동을 숨기고 반대로 친절한 행동을 하는 것이다.

역공포(counter-phobia) 방어도 반동형성의 결과로 볼 수 있다. 이는 두려움을 의식하는 것을 피하기 위해서 오히려 두려운 상황으로 뛰어드는 것이다. 괴기 영화가 인기를 끄는 이유가 여기에 있다. 두려워 떨고 비명을 지르면서도 영화관을 찾는다. 번지 점프도 역공포 방어기제다. 그러나 반동형성이 이성의 한계를 넘지 않고 적응에 큰 지장을 초래하지 않는 한 불안을 막는 유용한 방어기제로 봐도 좋다.

강한 자가 되어 공격하면 안전할 거라고 믿는 '공격자와의 동일화'

앞서 소개한 양 대리가 이 방어기제를 사용하고 있었다. 자기를 공격한 자를 닮음으로써 불안을 피하고자 하는 심리다. 정신분석에서는 '공격자와의 동일화'(identification with aggressor)라고 부른다. 괴롭히던 두려운 대상의 특징을 닮아 자기 것으로 만들어서 그 대상에 대한 두려움을 극복하는 것이다. 나도 그렇게 강해졌으니까 아무도 나를 괴롭힐 수 없을 것이라고 착각한다.

이렇게라도 해야 마음을 안심시킬 수 있기 때문에 이런 방어기제를 쓴다. 예컨대 어린애가 "나는 도깨비다" 하며 도깨비 흉내를 낼 때 도깨비와 자기를 동일화함으로써 더 이상 도깨비를 두려워하지 않는 심리다. 도깨비 공포로부터 자신을 보호하는 것이다.

어머니에게 학대당하던 환자가 분석가를 괴롭힐 때가 있다. 비난하고 비웃고, 치료비로 약 올리기 같은 방법으로 괴롭힌다. 어렸을 때 어머니한테 당한 방법을 그대로 사용한다. 이것 역시 불안으로부터 자기를 보호하는 행동이다.

자신을 공격하던 어머니와 동일화함으로써 어머니처럼 강한 자가 되었고 안전하다고 믿는 것이다. 이제는 피해자가 아니고 공격자가 되었기 때문에 안심한다. 시집살이를 모질게 한 부인이 며느리를 보았다. 시집살이가 너무 서러워서 나중에 자기는 며느리한테 시집살이를 시키지 않겠다고 다짐하고 또 다짐했다.

그러나 어느 날 문득 시어머니가 한 방법을 그대로 며느리에게 대물림하는 자신을 발견하고 깜짝 놀랐다. 억울하게 상처받았던 부인의 마음이 어느새 시어머니를 닮은 것이다. 마음은 시어머니처럼 그렇게 강하지 않으면 억울한 일을 또 당한다고 믿고 있었다. 며느리를 구박하는 강한 시어머니가 되지 못하면 오히려 며느리한테 구박당할지도 모른다는 두려움이 그녀를 지배했고, 그래서 공격자인 시어머니와 동일화했던 것이다.

잔소리하는 친정어머니가 싫어서 절대 잔소리하지 않겠다고 다짐하던 부인이 어느 날 친정어머니와 똑같이 아이들한테 잔소리하는 자신을 발견하고 놀라는 경우도 있다. 군대에서 고참한테 지독하게 당한 병사일수록 졸병들에게 가혹한 것도 이런 방어기제 때문이다. 보복과 보상 심리도 있지만 더 강한 동기는 힘 있고 강한 자리에 앉고 싶은 것이다. 그래야 공격을 피하고 안심할 수 있기 때문이다. 마음이 마음을 보호하는 방법이다.

자기 안의 두려움, 분노, 수치심을 다른 사람 탓으로 돌리는 '투사'

비의식에 품고 있는 공격적 계획과 충동을 남의 것으로 옮겨 놓는 정신기제가 투사(projection)이다. 어린이가 자신의 일부로 생각하는 대변을 밖으로 밀쳐 내는 배변 행위에서 그 원형을 찾을 수 있다. 실패를 남의 '탓'으로 돌리는 것도 투사다. 미숙하고 병적인 정신기제이며 망상이나 환각을 일으킨다.

투사된 내용은 투사하고 있는 사람의 비의식에서 불안을 주는 충동이나 욕구들이다. 이것이 사고(thinking)의 형태로 투사되면 망상이 되고 지각(perception)의 형태로 투사되면 환각이 된다. 망상이나 환각은 비의식의 메아리(unconscious echo)라고 할 수 있다.

B군은 18세의 고등학생이다. 피해의식으로 인한 불안때문에 정신과에 왔다. 귀신이 자기를 죽일 것 같다고 했다. 밤에는 더욱 심해서 잠자리에 십자가를 안고 들어가야 했다. 주기도문을 열 번 이상 외워야 안심했다. 잠든 사이에 귀신이 공격해 올지도 모른다는 불안 때문이었다. B군은 칼이나 날카로운 쇠붙이를 보면 안절부절못한다. 그것으로 누군가를 찌르는 환상이 떠오르기 때문이다.

학교 성적은 엉망이 되었다. 친구들도 모두 떠나 버렸다. 친구들은 B군이 자꾸 오해하고 의심해서 불편하다고 했다. B군은 세상 사람들이 야속하고 밉기만 했다. 폭탄이 도시 한가운데 터져서 수많은 시민들이 피투성이가 되는 상상도 했다. 그러면 곧 그런 상상을 하는 자신에게 놀라고 죄책감에 시달렸다. 그래도 학교는 열심히 다녔다. 그는 자신 이 비정상적인 생각에 빠져 있다는 것을 알기 때문에 더 괴로웠을 것이다.

무엇이 문제일까? B군은 비의식 속에 심한 증오심과 살해 충동을 갖고 있었다. 그 대상은 부모였다. 어머니를 부를 때 그는 '그 여자'라고 했고, 아버지는 '그 새끼'라고 했다. 그가 알고 있는 한 부모는 차갑고 인정이 없으며 그를 동생들과 차별 대우하고 미워했다. 부부간에도 갈등이 심해서 부부싸움 할 때 칼을 들고 설치기도 했다. B군은 어머니에게 사랑을 받은 기억이 전혀 없었다. 오히려 어릴 때 직장에 가는 엄마를 붙들고 늘어지는 자기를 엄마가 매몰차게 뿌리치던 모습만 생생하게 기억에 남아 있다. 추운 겨울 날 아버지에게 발가벗겨 쫓겨나던 기억을 말할 때는 주먹을 쥐고 부르르 몸을 떨었다. 옆에 있던 어머니는 말리지도 않았다. B군의 마음속에 있는 증오심은 살해 충동을 일으켰다.

　이 살해 충동은 그의 판타지 속에 잘 표현되어 있다. 칼로 누군가를 찔러 피투성이로 만들고, 도시 한가운데 폭탄이 터져 사람들의 몸이 찢겨지는 환상에서 숨겨진 살해 충동을 볼 수 있다. 그가 날카로운 것을 두려워하는 것도 이 때문이었다. 이러한 판타지와 공포증은 그를 괴롭히는 증상이지만 다른 한편으로는 살인자가 될 위험으로부터 보호해 주고 있었다.

판타지는 살인 행동의 결과를 확인시켜 주었다. 그것도 충동이 일어날 때마다 반복적으로 제동 장치의 역할을 했다. 칼 공포증은 살인 도구로부터 그를 멀리 떼어 놓았다. 정신 증상이란 이렇게 환자가 위험한 충동으로부터 자신을 구하려는 마음의 노력이다.

B군의 귀신 공포증과 살해당할 것 같은 두려움도 내면의 증오심 때문이었다. 증오심을 귀신에게 '투사'한 것이다. 그렇다면 귀신이 왜 증오의 대상인 부모가 아니라 B군 자신을 살해하려 한다고 생각할까? 그것은 이렇게 설명할 수 있다. 부모에 대한 증오심은 죄책감을 낳는다. '나는 나쁜 놈이다. 부모를 죽이고 싶도록 미워하다니 나는 벌 받을 것이다.'

B군은 내면의 증오심을 귀신이라는 자기 밖의 대상에게 '투사'했다. 사실 그를 괴롭히는 것은 귀신이나 날카로운 물건이 아니었다. 부모에 대한 증오와 살해 충동이 그를 괴롭히고 있었다. 이런 사실을 깨달을 때 치료의 길도 열릴 것이다. 불행을 자꾸 타인 때문이라고 '투사'할 때 B군처럼 고통은 증가하고 문제는 헝클어진 실타래처럼 복잡해진다.

사실 주변에서 이런 '투사'의 심리기제를 사용하는 사

람들을 흔히 볼 수 있다. 예컨대 경쟁심이 강한 두 사람이 탁구를 칠 때 한 사람이 게임에서 졌을 경우 그는 패배를 받아들일 수 없다. "컨디션이 나쁘기 때문이야" 하며 패배의 원인을 컨디션으로 돌려 버림으로써 무능감의 아픔으로부터 자신을 구하려 한다.

또 이런 경우도 있다. 두 어린이가 방에서 놀다가 아빠가 애지중지하시던 도자기를 깨뜨렸을 때 아빠 앞에서 서로 책임을 회피한다. "너 때문이야." 자신의 잘못을 받아들이려 하지 않고 동생에게, 형에게 책임을 투사한다. 미숙한 인격의 사람일수록 '투사'를 많이 쓴다.

"외식하는 자여 먼저 네 눈 속에서 들보를 빼어라 그 후에야 밝히 보고 형제의 눈 속에서 티를 빼리라"(누가복음 6장 42절) 하신 예수님의 가르침은 인간의 투사 심리를 지적하신 말씀이다. 자기 눈 속의 들보를 인정하지 못하고 그것을 부정하기 위해 남의 눈의 티를 과장해서 비난한다는 것이다. 괴롭더라도 마음속의 진실을 외면하지 말라는 말씀이다.

분노를 자신에게 쏟아붓는
'자기에게로의 전향'

공격적인 충동이 남이 아닌 자기에게 향하는 것(turning against self)을 말한다. 예컨대 아이가 엄마한테 야단을 맞은 뒤 벽에다 머리를 찧는 경우다. 남을 향한 분노가 자기를 향하게 되므로 자기 공격이 생기며 우울증이 오기도 한다. 비의식에서 아버지를 증오하던 사람이 현실의 아버지가 돌아가셨을 때 심한 우울에 빠질 수 있다. 그것은 현실의 아버지를 향한 증오심이 '자기에게로 전향'하여 자신을 향하게 되기 때문이라고 프로이트는 설명했다. 이는 자살의 원인이 되기도 한다.

'아버지를 증오하다니⋯ 나 같은 패륜아는 죽어야 해.' 죄책감의 아픔을 피하려다가 자신을 죽이는 결과를 낳는 것이다. 빈대 잡으려다 초가삼간을 태우는 격이다. 앞서 소개한 양 대리도 민 과장에 대한 분노를 이렇게 자학적으로 처리하고 있었다. 폭음도 자학이었고, '다 내 탓이야' 하는 자책도 자학이었다. 결국 심근경색을 초래하고야 말았다.

좀 더 안전한 대상에게
감정을 대신 퍼붓는 '전치'

비의식적 대상에게 준 원래의 감정을, 그 감정을 주어도 덜 위험한 다른 대상에게로 옮기는 방어기제가 전치 (displacement)다. 어느 한 대상에 대한 감정을 다른 대상에게 주는 것이다. 예컨대 전라도 출신의 정치인을 미워하던 남편이 전라도 출신 아내에게 화를 내는 경우다. 전라도 정치인에 대한 분노의 감정을 아내에게 전치시킨 것이다.

도덕적 타락으로 인한 죄책감에 휩싸인 사람이 더러움 타는 것이 무서워서 강박적으로 손을 씻는 것도 전치 방어기제를 사용한 결과 나타난 증상이다. 즉 도덕적 불결에 대한 죄책감을 '손이 불결하다'는 물리적 불결로 전치시킨 것이다. 도덕적 불결함은 씻기가 어렵다. 논리적으로는 말이 안 되지만, 손을 씻어서 도덕적 불결을 씻어 내려고 노력한 것이다. 언니를 미워하는 여동생이 언니의 공책을 찢어 버리는 것이나 일본을 미워하는 젊은이가 일본 노래를 부르는 어른을 공격하는 행동도 전치 방어에 의한 것이다.

앞서 소개한 양 대리가 동료들에게 섭섭하고 미운 감정을 느낀 것도 민 과장에 대한 미운 감정을 동료들에게 전치시켰기 때문이다. 감정을 전치하면 분풀이는 되지만 엉뚱한 대상에게 분풀이를 하게 된다. 시어머니를 미워하는 며느리가 시어머니를 닮은 딸을 구박하는 것도 전치의 부작용이다. 많은 정신 증상들이 전치 때문에 생긴다.

꿩 대신 닭을 찾는 '대체형성'

목적하던 것을 못 가질 때 오는 좌절감을 줄이기 위해 원래와 비슷한 것을 취해서 만족을 얻는 것을 대체형성(substitution)이라 한다. 예컨대 오빠에게 매력을 느끼는 여동생이 오빠와 비슷한 외모를 가진 오빠 친구와 사귀는 것을 들 수 있다.

아버지 이미지를 가진 남자들과 사랑에 빠지지만 결혼은 하지 못하는 여성은 아버지의 사랑을 받고 싶은 욕구를 다른 남성에게서 충족시키고 있다고 볼 수 있다. '꿩 대신 닭'인 셈이다. 대체형성과 전치는 서로 비슷하나 대체형성은 대체물이 되는 '대상'에 중점을 둔 반면 전치는 '감정'에 중점을 둔다는 차이점이 있다.

의식이 감당 못 하는 것을 없는 것처럼 만드는 '부정'

의식에 올라오면 도저히 감당할 수 없는 괴로운 어떤 생각, 욕구, 충동이나 현실적 존재를 비의식적으로 부정(denial)해 버리는 것을 말한다. 예를 들어 영화를 볼 때 무서운 장면이 나오면 눈을 가리는 여자아이, 당뇨병 진단이 내려졌는데도 아무렇지 않다고 믿으며 병원 가기를 거부하는 환자나, 암으로 죽어 가면서도 자신은 아니라며 의사의 오진을 주장하는 환자의 경우를 들 수 있다.

나는 초등학교 시절 눈이 많이 내린 어느 날 친구들과 '꿩 몰이'를 했다. 꿩은 산을 몇 개나 넘더니 마침내 지쳐 버렸다. 그리고 논두렁 눈 더미 속에 머리를 처박았다. 온몸은 노출된 채 말이다. 마치 내가 볼 수 없으면 아무도 자신을 볼 수 없는 것처럼 꼼짝도 하지 않았다. 우리는 꿩을 생포했다. 이 꿩처럼 자신이 부정해 버리면 마치 현실

자체도 부정되는 것처럼 믿는 것이 부정의 심리다.

암 선고를 받은 환자들이 흔히 보이는 반응이 그렇다. "내가 그런 병에 걸릴 리 없어. 엑스레이 필름이 다른 환자의 것과 바뀐 거야. 의사의 오진일 거야." 환자가 여러 병원을 전전하는 사이 병이 더 악화되고 치료 시기도 놓치고 만다.

당뇨병 환자가 있었다. 보통 공복 시 혈당이 100mg/dl가 정상인데 그는 300mg/dl가 넘는다. 다행히 합병증은 아직 없었다. 의사는 식이요법과 합병증에 대해서 자세히 설명해 주었다. 환자는 지적 수준도 높고 사회적으로 명사였지만, 도무지 의사의 지시를 따르지 않았다. 아니 무시하는 듯했다. 콜라, 아이스크림, 설탕, 커피, 과자 등을 마구 먹고 식사도 무절제하게 했다.

식사 때마다 부인은 못 먹게 하고 환자는 먹으려 하고 전쟁이 따로 없었다. 환자는 때로 폭발적으로 화를 냈다. "나를 병자 취급하지 말아요. 나 아무 이상 없어. 의사의 말대로라면 벌써 장님이 됐든지 간경화나 고혈압에 걸렸을 거야. 피곤은 약간 느끼지만 내가 못하는 일이 뭐가 있어. 나는 내 식으로 산다고."

그는 규칙적으로 받아야 하는 검진도 회피했다. 약물

도, 소변검사도 자꾸 잊어버렸다. 그런데 사실 그는 당뇨병 환자라는 사실을 인정하기 싫고 두렵기 때문에 이렇게 행동하는 것이다. 부정의 심리 상태. 이런 마음의 상태는 치료의 가장 큰 장애물이다. 현실을 부정하고 회피하는 한 합리적으로 해결할 수 없다. 고통스럽더라도 피할 수 없다면 인정하고 받아들여야 비로소 치료의 문이 열린다.

금지된 것을 허용된 것으로 바꾸는
'상징화'

어떤 대상이나 사상이 다른 대상이나 사상을 나타내는 데 사용되는 방어기제를 말한다. 한 대상으로부터 그 대상을 나타내는 상징물(symbol)로 감정가치(emotional value)가 이동한다. 이 과정이 상징화(symbolization)의 본질이다. 대체로 원래 대상은 금기의 성질을 띠고 있으며 내세워지는 대상은 그 점에서 중립적 또는 무난한 경우가 대부분이다. 소시지가 남성 성기를 상징하는 것과 같다. 남성 성기는 금지된 것이지만 소시지는 문제될 것이 없다. 국기나 무궁화는 국가를 상징한다. 정신과 환자의 여러 가지 증상은 상징적 의미를 가진다.

예컨대 형은 태양이고 자기는 달이라고 말하는 정신분열증 환자가 있었다. 알고 보니 그는 마치 달이 태양을 의지하듯 형을 의지하고 있었다. 자신과 형의 관계를 달과 태양의 관계로 상징적으로 표현한 것이다. 억압된 충동이 상징화를 통해 증상으로 나타나면 그 양상이 원래의 충동과 너무나 다르므로 그 본래의 의미를 파악하기 어려울 때가 많다. 그래서 시간을 두고 이해하는 태도가 필요하다. 꿈에서도 상징화가 많이 사용된다. 예컨대 자식을 낳을 수 없는 부인이 아기처럼 예쁜 꽃송이를 안고 행복해하는 꿈을 꾸었다. 어릴 때 아버지가 화단의 꽃들을 '내 새끼들'이라고 부르던 것을 연상해서 상징화한 것이다. 이밖에 판타지, 농담, 문학이나 다른 예술 작품에서도 상징화를 볼 수 있다. 상징은 비의식의 언어(language of unconsciousness)다. 꿈은 상징을 사용한다.

꿈 이야기는 참 흥미롭다. 사람의 내면세계를 신기할 정도로 잘 보여 준다. 그래서 정신과 의사들은 환자가 꿈을 가져오면 반가워한다. 한 여성의 비의식에 숨어 있는 성적 갈등을 보여 주는 흥미로운 꿈 이야기를 해보겠다. 자아가 상징을 사용하여 꿈을 만들고 있었다.

한 노처녀가 있었다. 지적이고 아름다워서 남자들에게 인기가 좋았지만 남자와 가까워지지 못하는 문제가 있었다. 어느 날 밤 그녀는 무서운 꿈을 꾸었다.

밤이었다. 뉴욕의 뒷골목 같았다. 가로등이 희미하게 비추고 있어서 길은 어둡고 무서웠다. 행인도 보이지 않았다. 그녀가 회색의 빌딩 사이로 도망가고 있었다. 어떤 남자가 쫓아왔다. 한 건물을 지나가는데 철문이 보였다. 다행히 문이 스르르 열렸다. 얼른 들어가서 문을 잠갔다.

방이었다. 그런데 안쪽에 또 하나의 철문이 보였다. 열고 들어가서 또 잠갔다. 그때 그 남자가 문 밖에 도달해서 철문을 두드렸다. 그리고 철문을 부수는 것 같았다. 무서워서 잠에서 깼다. 식은땀이 흘렀다.

나는 여자에게 이 꿈에 대해서 생각나는 것을 말하게 했다. 처음 떠오른 것은 꿈속의 남자였다. 꿈속의 남자는 얼굴을 보지 못했지만 약혼자와 비슷한 나이에, 같은 양복을 입은 것 같았다. 다음에 떠오른 것은 모순된 자기감정이었다. 꿈속에서 그 남자가 철문을 부수는 소리를 들었을 때 한편으로 두려우면서도 다른 한편으로는 철문을 부수고 들어와 주기를 바랐다. 이해하기 어렵지만 그렇게 느꼈다. 그리고 전날 밤 약혼자와 데이트를 했는데, 그가 혼전 섹스를 요구해서 실망했고 거절하고 돌아온 기억도 떠올랐다. 그녀는 성관계에 대한 두려움을 갖고 있었다. 전에도 사랑하던 남자가 있었지만 혼전 섹스를 요구하는 바람에 정이 떨어져서 헤어졌다고 했다.

꿈에 대한 연상을 종합하여 그녀의 꿈을 해석해 보자. 꿈속의 남자는 약혼자다. 빌딩은 그녀의 몸을 상징한다. 남자의 침입을 두려워하는 그녀의 몸이다. 철문은 처녀막이거나 질의 입구를 상징한다고 하겠다. 그녀는 남성 성기의 침입을 두려워하지만 다른 한편으로는 원하고 있다. 남성이 깨부수고 들어와 주기를 원하고 있다.

성적 욕구는 자연스러운 것이다. 그러나 어떤 경험이 그녀에게 성적 쾌감에 대한 두려움을 주고 있었다. 그것은 유년기에 당한 성폭행일 수도 있고, 부모의 성교 장면을 목격한 것일 수도 있고, 아버지에 대한 집착일 수도 있다. 그 원인을 분석해서 풀지 않는다면 그녀는 앞으로 성생활이 어려울 것이다. 철문이 하나만 있어도 관통당하기 어려운데, 꿈속에서 두 개나 되는 철문을 잠그고 숨어 있었기 때문이다.

꿈은 무의미하게 보일 때가 많다. 그래서 흔히 개꿈이라고 한다. 그러나 대부분의 꿈은 의미를 가지고 있다. 프로이트가 쓴 《꿈의 해석》은 800여 쪽이나 되는 명저인데 거기서 그가 하고 싶은 말을 한마디로 요약한다면 '꿈은 의미를 가지고 있다'이다. 그 의미는 다름 아닌 꿈꾼 자의 마음의 소원이다.

여자의 꿈은 성적 욕구와 이것을 가로막는 힘 사이에서 갈등하는 것을 의미한다. 성적 쾌락을 원하지만 그것을 맛볼 수 없게 하는 두려움을 꿈이 잘 보여 주고 있다. 자아는 상징을 이용해서라도 욕구의 충족을 맛본다. 욕구가 충족되지는 않지만 적어도 욕구를 표현할 때 마음은 위로를 받는다. 그러나 일반적으로 꿈이 상징으로 이루어져 있기 때문에 난해하고 해석이 쉽지 않다.

약점을 보충하기 위해 취하는 노력, '보상'

성격, 지능, 외모 등 이미지상의 결함을 메우려는 비의식적인 노력이 보상(compensation)이다. 심장에 이상이 있을 때 건강한 심장만큼 혈액을 펌프질하기 위해서 심장 근육이 비대해지는 것과 같이, 심리적으로 어떤 약점이 있는 사람은 이를 보충하기 위해서 다른 어떤 것을 과도하게 발전시키는데 이런 정신 현상을 말한다. '작은 고추가 맵다'거나 키 작은 사람이 목소리가 큰 경우가 다름 아닌 보상행위다. 성형수술도 하나의 보상행위라고 볼 수 있다. 가난에 대한 열등감이 심한 사람일수록 비싼 명품을 찾는 것도 보상행위다.

앞서 소개한 금융회사에 다니던 '명품남' 김 대리도 열등감을 명품과 외제차로 보상받으려 했다. 나폴레옹은

멸시받는 작은 섬 코르시카 출신인데다 키도 작았다. 그런 나폴레옹이 세계 정복의 야심을 품은 것은 보상행위의 좋은 예라고 할 수 있다. '키작은 사람 증후군'(little man syndrome)이란 말이 있다. 키가 작은 사람이 목소리가 크고 자기 과시를 많이 할 때 사용하는 말이다. 작은 키에 대한 열등감의 보상행위인 것이다.

앞서 소개한 양 대리가 프로젝트에 몰두한 것도 하나의 보상심리라 할 수 있다. 자기 아이디어로 시작한 일을 성공함으로써 민 과장을 이겨 보려 한 것이다. 양 대리는 불행하게도 프로젝트는 성공했지만 보상을 받지 못하고 심근경색에 빠졌다.

고통스러운 감정을 비의식으로 보내는 '격리'

과거의 고통스러운 기억과 관련된 감정을 의식에서 몰아내는 방어 과정이다. 감정을 격리(isolation)시키면 고통스러운 사실은 기억하지만 기억에 수반된 감정은 억압되어 느낄 수 없게 된다. 즉 고통스러운 사실은 의식 세계에 남고, 이와 관련된 감정은 비의식 세계에 보내서 각기 분리시킨다는 말이다. 감정이 의식에서 사라지기 때문에 우선 마음은 편해진다. 격리는 강박장애에서 흔히 본다.

34세의 가정주부가 딸의 생일 케이크를 굽다가 친정아버지와 심한 말다툼을 하였다. 그녀는 아버지한테 무례하게 화를 내는 자신에게 죄의식과 불안을 느꼈고 화를 내지 않으려고 애를 썼다. 그날 싸우느라고 과자가 타 버려 새 과자를 구워야 했다. 그날 밤 그녀는 어떤 생각이 떠올라 몹시 불안했는데 '실수로 새 과자에 독약을 넣은 건 아닐까?' 하는 무서운 생각이었다. 그 후 정신분석을 받기까지 4년간 그녀는 요리를 하거나 아이들에게 약을 줄 때마다 심한 불안을 느꼈고, 반복적으로 음식의 내용을 점검하며 약의 양과 상표를 확인해야만 했다.

그녀는 가족을 독살하거나, 아이들에게 다른 약을 잘못 주거나, 너무 많은 양을 줄지도 모른다는 계속적인 공포를 느끼고 있었다. 게다가 혼자서 차를 운전할 경우 운전해 온 과정을 다시 생각하고 확인해야만 했다. '혹시 누군가를 치거나 심하게 상처를 주었을지도 몰라' 하는 두려움 때문이었다. 그래서 집에 도착하면 가장 먼저 차를 조사했다. '차 밑에 피 흔적이 없고 죽은 사람도 없음'을 확인하는 강박증이 생긴 것이다. 그녀는 자신의 어리석은 행동을 남편에게도 말할 수가 없었다. 분석을 통하여 환자의 비의식을 볼 수 있었다.

환자는 아버지와 다투던 날 아버지가 미웠고 죽여 버리고 싶은 충동을 느꼈다. 이런 감정과 공격 욕구는 너무나 부도덕하고 무서운 것이어서 마음이 괴로웠다. 그녀는 괴로운 마음을 위로하기 위해 아버지에 대한 증오심을 외면해야 했다. 살해 충동을 제거해야 했다. 아이들을 독살하는 것을 두려워하는 것이나 차로 사람을 죽이는 생각 같은 강박증은 실은 아버지를 죽이고 싶은 충동에서 나온 것이다. 아버지에 대한 살해 욕구가 상징화되어 나타난 것이다.

이 부인의 강박증에서 두 가지 특징적인 방어기제를 볼 수 있다. 하나는 격리(isolation)다. 사고로 아이들을 독살하고 사람들을 치어 죽이는 생각을 말할 때, 그녀는 미움이나 다른 공격적인 감정을 느끼지 못하고 있었다. 공격적인 생각은 강박관념이 되어 의식에 떠올랐지만 감정은 격리되어 비의식에 억압되어 있었기 때문이다. 따라서 그녀는 "이런 강박증은 웃기는 것들이에요" 하고 분노의 감정 없이 말할 수 있었다.

두 번째 방어기제는 취소(undoing)다. 약의 양과 음식의 내용을 검토하고 차 밑을 확인하는 검열(check & recheck) 행동은 아버지를 독살하고 싶은 충동과 반대되는 행동이다. 죽이는 행동이 아니고 이런 행동을 하지 않으려는 행동인 것이다. 이렇게 충동을 막는 행동으로 죄책감에서 벗어나려 한 것이다. 살해 충동과 충동의 금지가 동시에 강박증 속에 위장된 형태로 나타나고 있었다. 반복적인 이 행위는 마음속의 불안을 일시적이나마 감소시켜 주는 방어적 역할을 했다.

덜 힘들던 어린 시절로 돌아가는 '퇴행'

좌절을 심하게 당했을 때 현재보다 유치한 과거 수준으로 후퇴하는 것을 말한다. 예를 들어 동생이 태어나자 대소변을 잘 가리던 네 살짜리 아이가 오줌을 싸는 경우가 퇴행(regression)이다. 실의에 찬 어린이가 손가락을 빠는 것도 그 예다. 나이 든 교장 선생님들이 동창생들을 만났을 때 근엄함은 사라지고 마치 그 시절 아이처럼 행동하는 것도 양성 퇴행으로 볼 수 있다. 꿈이나 공상은 정상이나 일시적인 퇴행이다.

남편들이 심한 감기라도 걸리면 꼭 아이처럼 짜증내는 것을 볼 것이다. 아프면 사람들은 퇴행한다. 악성 퇴행은 어른이 아이 같은 행동을 병적으로 하는 것을 말한다. 성장과정 중 특정한 시기, 예컨대 항문기에 좌절이 심했다거나 반대로 너무 재미를 보았다면 이 시기에 비의식적으로 집착하게 되는데 이런 현상을 고착(fixation)이라 한다. 스트레스를 심하게 받으면 이 고착 시기로 퇴행하는 경향이 있다.

진달래꽃이 만발한 어느 해 봄이었다. 20세 처녀가 아버지의 무덤가에 옷을 벗어 놓고 발가벗은 채 진달래꽃을 한 아름 안고 산을 내려왔다. 밭에서 일하던 동네 아주머니가 달려가 불쌍한 처녀의 알몸을 치마로 싸안고서 병원으로 데려왔다. 아버지를 여읜 슬픔과 불효자식이라는 죄책감으로 너무 괴로워 어린아이로 퇴행해 버린 것이다. 어린아이 때가 어른보다 편하고 죄책감도 없고 아버지도 살아 계신 시절이었다. 어른보다는 힘 안 들이고 살 수 있는 시절이기 때문에 마음이 힘들 때는 퇴행한다. 앞에서 소개한 강군의 폭식증도 퇴행의 결과였다.

고통을 참지 못해 다른 사람이 되는 '해리'

마음을 불편하게 하는 성격의 일부가 그 사람의 지배를 벗어나 하나의 독립된 성격인 것처럼 행동하는 것을 해리 (dissociation)라 한다. 몽유병, 이중인격(dual personality), 둔주 (fugue), 자동 필서(automatic writing) 등이 그 예다. 문학작품으로는 《지킬 박사와 하이드》(Dr. Jekyll and Mr. Hyde)가 좋은 예다.

30대 부인이 발병하여 정신과에 입원했다. 시아버지의 장례식 중에 발병했는데, 관이 땅속으로 들어가는 것을 보다가 갑자기 이상한 행동을 하기 시작했다고 한다. 남편의 이름을 마구 부르며 심부름을 시키는데 그 목소리가 영락없는 생전의 시아버지였다. 동서들을 부를 때도 시아버지가 부를 때처럼 "시아가"라고 불렀다. 걸음걸이도 시아버지 같았다. 집에 돌아와서는 자기 방으로 가지 않고 시아버지의 방인 큰방으로 들어갔다. 양반다리를 하고 앉아서 담배를 피우고 집안 식구들에게 명령을 내렸다.

동네에서는 시아버지 귀신이 며느리에게 붙었다고 소문이 났다. 큰돈을 주고 굿을 두 번이나 했으나 효과가 없었다. 오히려 상태는 더욱 나빠져서 잠을 자지 않고 들로 산으로 싸돌아다녔다. 기도원에서 귀신 쫓는 안수기도도 받았으나 역시 소용이 없었다.

부인은 그 지방 학교 선생의 소개로 정신과에 입원하게 되었다. 입원 후 10일째 되는 날 그녀는 자신을 되찾았다. 간호원에게 자신의 행동을 듣고 몹시 부끄러워했다. 고된 시집살이를 할 때 믿고 의지하던 시아버지의 죽음은 부인에게 견딜 수 없는 충격이었다.

이처럼 감당할 수 없는 아픔을 당할 때 인격은 해리 현상을 일으킨다. 환자는 시아버지에 대한 기억에 따라 행동했던 것이다. 정신의학에서 이것을 '이중인격'이라고 부른다. 일반적으로 쓰는 이중인격의 의미는 위선자라는 뜻이지만, 이 경우는 다르다. 이 병의 원인은 현실적인 고통도 원인이지만 더 근본적으로 인격의 미성숙에 있다. 고통을 참아 내고 처리할 만큼 성숙하지 못한 사람이 큰 고통에 직면했을 때 해리로 방어한다.

마음이 아프다고 알려 주는
'신체화'

마음이 불안하고 괴로울 때 신체 증상이 나타나는 것은 신체화(somatization) 방어 때문이다. 두통, 가슴의 통증, 위장 장애 등이 나타난다. 마음의 고통이 인내의 한계에 도달하여 몸 증상으로 드러난 것으로 '괴로워요, 도와주세요' 하는 구조 요청(crying for help)으로 알아들어야 한다. 꾀병이 아니며 자기도 모르게 나타나는 증상이다.

예술을 전공하는 여대생의 주 증상은 복통과 설사였다. 내과 치료에도 불구하고 반응이 없자 그녀는 내과에서 정신과로 의뢰되었다. 증상은 토요일 오후마다 심해졌는데 남자 친구와 관계가 있었다. 남자 친구가 다른 여인과 데이트하는 것을 목격한 후 병이 났다고 했다. 그 날이 토요일이었고 그 후 복통과 설사는 토요일마다 심하게 나타났다.

남자 친구에 대한 그녀의 마음은 두 가지였다. 한편으로는 사랑하지만 다른 한편으로는 자기를 버렸다는 증오와 불신을 가지고 있었다. 이 두 감정은 그녀의 마음속에서 갈등을 일으켰고, 이 마음의 고통(복통으로 상징)을 설사하듯이 쏟아내고 있었던 것이다. 복통과 설사는 남자 친구가 문병 오는 날 더 심해졌다. 남자 친구와 데이트하던 여인이 방문했을 때는 밤새도록 화장실에 다니느라 잠을 한숨도 못 잤다.

정신치료 중 그녀는 자신의 병이 정신적인 아픔과 관계 있다는 것을 깨달았고 마음을 정리한 후 호전되어 퇴원했다. 마음의 소리를 듣고 이해한 결과였다.

인간의 몸과 마음은 떼어서 생각할 수 없다. 마음이 아플 때 그 아픔을 적절히 처리하지 못하면 몸도 함께 고통을 받는다. 우리는 마음에서 시선을 떼어서는 안 된다. 마음의 노력을 도와줘야 한다. '호랑이에게 물려가도 정신만 차리면 산다'는 속담처럼 마음의 회복 노력에 귀를 기울여야 한다. 마음의 고통이 이해되면 그때 치료의 길이 열린다.

상대방의 공격을 원천봉쇄하는 '유머'

자신이나 타인에게 거북하고 불쾌한 감정을 느끼지 않게 하려고 느낌을 즐겁게 표현하는 것이 유머(humor)다. 서로 적대적인 관계가 될 위험이 높을 때 웃음으로 분위기를 우호적으로 바꾸는 효과가 있다. 웃을 일도 아닌데 자꾸 웃으며 말하는 사람은 유머 방어를 쓰고 있는 것이다. 유머로 상대방이 휘두를 공격의 예봉을 꺾는 것이다. 웃는 얼굴에 침 뱉을 수 없다는 것을 알기 때문이다. 이런 방어를 쓰는 사람들은 이미 상대방의 공격과 비난을 예상하고 있다. 그래서 심각한 자리를 희극적으로 만들어 버린다. 그래야 안전하기 때문이다. 그래도 유머는 비교적 건강한 방어기제에 속한다.

유머로 분노를 적절히 발산해 버리기도 한다. 인도의 영웅 간디가 영국 정부의 초청을 받아 런던에 갔다. 인도 독립을 요구하는 간디가 예뻐서 초청한 것은 아니었다. 달래 보려고 초청한 것이었지만 미운 감정은 숨기고 있었다. 영국 정부는 간디를 귀족들의 저녁 만찬에 초청했다.

영국인 귀족 한 사람이 골려 주려고 자기가 먹은 생선의 가시를 간디 쪽으로 밀어 놓고 말했다. "간디 옹은 식욕이 대단하시군요. 아니면 굶주리셨거나…" 좌중에 폭소가 터졌다. 영국인들은 가난한 간디를 굶주린 거지라고 놀리며 통쾌하게 웃고 있었던 것이다. 손님에 대한 예의가 아니었다. 그러나 간디는 태연하게 상대의 이름을 부르며 이렇게 말했다. "당신이야말로 식욕이 대단하시네요. 굶주리셨거나… 생선을 가시째 다 드신 걸 보면요."
가시가 하나도 없는 그의 식탁을 보며 한 말이었다.

간디를 조롱하던 영국인들은 오히려 한 방을 먹었다. 그
러나 이건 유머이기 때문에 그 자리에 있던 영국인 중 누구
도 공격을 받은 것이라고 해석할 수도 또 반격할 수도 없었
을 것이다. 간디는 유머로 자기를 조롱하는 영국인들을 멋
지게 갈겨 주었다. 그러고도 안전할 수 있었던 것은 유머
를 사용했기 때문이다. 이렇게 처리하지 못했다면 조롱당
한 간디는 억눌린 분노 때문에 마음의 평정을 유지하지 못
했을 것이다. 그래서 유머는 건강한 방어기제일 수 있다.

이룰 수 없는 욕망을 타인에게 이루게 하는 '이타주의'

문자 그대로 남들의 본능적 욕구를 집요하게 건설적인 쪽
으로 충족시켜 주는 것이다. 이타적 포기(altruistic surrender)
라는 흥미로운 방어는 이타주의(altruism) 방어의 일종이
다. 이룰 수 없는 욕망을 충족시키는 방법으로 자기는 그
욕망을 포기하는 대신 타인이 그것을 충족하도록 헌신적

으로 돕는 것이다. 그리고 대리 만족을 얻는다. 프로이트의 딸인 안나 프로이트(Anna Freud)가 발견한 방어기제다.

여동생이 언니의 연인을 사랑하게 되었다. 그러나 그녀에게 무관심한 그에게 사랑받기는 불가능하다. 이때 불완전하게나마 자신의 욕구를 충족시키는 방법이 이타적 포기였다. 예컨대 언니가 데이트하러 갈 때 언니를 예쁘게 꾸며 주고, 시간에 늦지 않게 챙겨 주며 자기가 아끼는 액세서리를 빌려 주었다. 자기는 포기하고 언니를 통해서 대리 만족을 얻은 것이다. 이타적 포기였다. 이렇게라도 해야 아픈 마음이 위로를 받는다.

세상을 적군과 아군으로 나누는 '분리'

자기와 남들의 이미지(representation)를 마음속에서 선과 악의 양극단으로 분리(splitting)시키는 방어다. '전적으로 좋은 것'(all good)과 '전적으로 나쁜 것'(all bad)이라는 두 개의 상반된 것으로 분리시키는 것이다. 이는 원시적 형태의 방어로서 경계선 인격장애 환자가 많이 쓴다. 마치 우유(good mother)와 독약(bad mother)을 섞으면 우유마저 마실 수 없게 되기 때문에 분리 보관하는 것과 같다.

그들에게 세상에는 아군과 적군만 있다. 아군과 적군을 확연히 구분해 놓아야 안심할 수 있는 것이다. 대인관계에서는 좋아하는 사람과 미워하는 사람이 확연히 분리되어 있다. 끔찍하게 좋아하다가도 섭섭한 일이 생기면 사소한 일일지라도 확 돌아서 버린다. 절교를 선언할 뿐만 아니라 지독할 정도로 증오하고 보복을 꿈꾼다.

이런 방어를 자주 쓰는 사람들은 "나는 성질이 불같아서 미지근한 것은 못 참아" 하며 자신의 방어기제를 설득하려 한다. 그런데 이 같은 분리 방어는 어린아이들이 자주 쓰는 방어기제다. 아이들이 "아빠, 저 사람 우리 편이야? 나쁜 사람이지?"라고 자주 묻는 것도 이 때문이다. 그러나 성장하면서 인간관계의 스펙트럼을 이해하고 세상에는 좋은 사람도 있고 덜 좋은 사람도 있으며 기분 나쁜 사람도 있고 그러다가 좋아지는 사람도 있다는 것을 이해하게 된다. 이 단계에 와 있는 사람을 정신분석에서는 성숙한 인간관계의 토대가 되는 대상 항상성(object constancy)을 갖추었다고 본다.

그런데 분리 방어를 쓰는 이유는 인간관계에서 상처받

은 경험 때문이다. 또다시 그런 아픔을 당하지 않으려고 선인과 악인을 분류해 놓는 것이다. 그래야 안전하게 대응할 수 있다.

도덕적으로 어긋나지 않는 방법으로 욕구를 충족시키는 '승화'

승화는 가장 성숙한 방어기제다. 본능적 욕구나 참기 어려운 충동 에너지를 사회적으로 용납되는 형태로 돌려쓰는 방어기제다. 승화(sublimation)는 다른 기제와는 달리 욕구를 비난하거나 반대하지 않으며 억압하지 않고 발산하도록 허용한다. 다만 도덕적으로 어긋나지 않는 방법으로 충족시킨다. 충동 에너지가 그대로 사회적으로 쓸모 있게 전용되는 것이다. 마치 홍수를 막아서 댐을 만들고 수력 발전으로 이용하는 것과 같다.

예술은 성적 욕망의 승화요, 외과 의사가 되는 것은 잔인한 공격 충동을 승화시키는 길이다. 똥 장난을 치고 싶은 욕망이 기생충 학자의 길로 승화되기도 하고, 공격 충동이 권투로, 성적 충동이 춤으로 승화되기도 한다. 성적 욕구가 스포츠로 승화된 경우도 많다. 작은 구멍에 공을 넣기 위해서 어려운 과정을 거치고 난관을 극복하는 스포츠는 성교와 유사하다. 성욕을 상징적으로 만족시켜 준다.

어머니의 품을 파고들고 싶은 욕구가 강한 사람이 있었다. 어릴 때 어머니한테 버림받아 타지로 쫓겨난 경험 때문이었다. 그는 어머니와 함께 살던 그때가 그리워 고국(mother land)의 역사를 연구하는 유명한 역사학자가 되었다. 승화의 결과다.

어떤 산부인과 의사는 자기가 산부인과를 선택한 이유를 분석 중에 발견했다. 다섯 살 때 엄마가 동생을 분만했다. 안방에 사람들이 들락거리고 뭔가 심상치 않은 일이 벌어지고 있는 게 분명한데 궁금해서 안방에 들어가려 하면 번번이 제지를 당했다. 나중에야 엄마가 동생을 분만하느라 그랬다는 사실을 알았다. 그런데 이때의 좌절감과 궁금증이 그로 하여금 산부인과를 선택하도록 했다. 엄마의 분만을 보고 싶은 욕구가 승화된 것이다. 산부인과 의사가 되었으니 이제는 원 없이 볼 수 있게 되었다. 마음은 승화를 통해서 욕구 충족의 길을 찾는다. 비록 상징적인 만족이더라도.

방어기제는
근본적인 해결책이 아니다

지금까지 마음이 마음을 위로하고 보호하는 방법에 대해서 이야기했다. 여기서 한 가지 관심을 가져야 할 부분이 있다. 마음은 고통으로부터 자신을 구하기 위해 지금까지 소개한 여러 가지 방어기제를 사용하지만 그 효력이 일시적인 것일 수도, 때로는 임시방편적인 것일 수도 있다. 눈 가리고 아웅 하는 식으로 자기를 속이는 방어기제도 있다.

　이런 방어기제는 문제를 현실적이고 근본적으로 해결하지 못하게 하고 오히려 신경증이나 정신병 증상을 만들기도 한다. 마음이 자기모순에 빠지는 것이다. 그래서 마음의 움직임에 주의를 기울여야 한다. 그리고 이것은 자신도 모르는 사이에 비의식에서 진행되기 때문에 비의식에 대한 관심의 끈을 놓아서는 안 된다.

이렇게 방어기제를 쓰면서까지 마음이 마음을 보호하기 위해 외치는 소리를 들어야 한다. 이 소리를 듣지 못하는 귀머거리들이 많다. 마음을 혹사시키는 사람들이다. 강군의 아버지처럼 눈에 보이는 일과 성공에만 관심을 둘 뿐 보이지 않는 마음은 어둠 속에 방치한다. 그러다가 병이 나는 것이다.

우울증이 오면 만사가 귀찮고 아무것도 좋은 것이 없으며 무기력에 빠진다. 베란다를 보면 자살이 떠올라 두렵다. '도대체 내가 뭘 위해 살아왔지?' 이루어 놓은 것들이 다 시시하고 허무하다. 마음이 더 이상 버틸 힘이 없어졌을 때 이런 병이 온다. 마음이 인내의 한계에 도달한 것이다. 마음이 지쳐 버려서 생긴 병이 신경증이다. 소위 신경성 위장장애 같은 병들이다.

요즘 많은 사람들이 호소하는 공황장애나 불면증도 마음 관리에 실패한 결과라 볼 수 있다. 마음이 소화하기 어려운 고통을 당해서 나타난 증상들이다. 그러나 같은 일을 당해도 마음 관리를 잘하는 사람들은 회복이 빠르다. 예컨대 성폭행 당한 여성에게서 나타나는 증상들, 즉 수치스러운 장면이 자꾸 떠오르고 꿈에도 나타나는 것은 마음의 치유 작용이다. 성폭행 당할 때 무기력하기만 하던 그 상황을 재현시켜 놓고 이제는 적극적으로 극복해 보려고 시도하는 것이다.

마음은 놀라운 치유 능력을 가지고 있다. 이 능력을 활용하자. 마음을 잘 관리하면 이 마음의 치유 능력을 온전히 활용할 수 있다. 이제부터 마음 관리에 대해서 생각해 보자.

Part 4　마음은 필사적이다
: 상처를 피하려고 벌이는 몸부림

마음이 상처받고 괴로울 때는 마음이 마음을 보호한다. 정신분석에서는 이를 방어기제라고 한다. 방어기제는 마음의 아픔을 가리는 방패막이 역할을 하지만 때로 마음의 진실을 은폐하기도 한다. 마음의 진실을 이해하기 위해서 자기가 쓰고 있는 방어기제를 분석해 볼 필요가 있다. 정신분석에서 밝혀 낸 주요 방어기제를 살펴보자.

양심의 가책을 느낄 때 사용하는 '취소' : 용납할 수 없거나 죄책감을 일으키는 행동, 사고, 감정을 상징적인 방법으로 무효화시키는 것이다. 회사에서 자신을 힘들게 하는 상사를 상상 속에서 공격하여 피투성이를 만들었던 부하 직원이 현실에선 피로 회복제를 사다 주는 행위가 그 예다.

자기보호와 체면 유지를 위한 '합리화' : 인식하지 못한 동기에서 나온 행동의 동기를 그럴듯하게 꿰맞추는 방어다. 이솝우화 중 신 포도가 좋은 예다. 포도를 따먹으려고 점프를 여러 번 시도했지만 실패한 여우가 '나는 저런 신 포도는 좋아하지 않아'라고 변명하는 것이다. 자신의 실패를 인정하는 것이 너무 괴로운 일이기 때문에 포도 맛이 시기 때문이라고 합리화하는 것이다.

미운 놈 떡 하나 더 주는 심리, '반동형성' : '반대로 행동한다'는 점에서 취소와 비슷하다. 그런데 취소가 일단 저지른 행동을 취소하는 행동인 반면 반동형성은 보복이 두려워 공격적 행동을 숨기고 반대로 친절한 행동을 하는 것이다.

강한 자가 되어 공격하면 안전할 거라고 믿는 '공격자와의 동일화' : 자기를 괴롭히던 두려운 대상의 특징을 닮아 자기 것으로 만들어서 그 대상에 대한 두려움을 극복하는 것이다. 시어머니에게 시집살이를 혹독히 당했던 며느리가 어느새 시어머니를 닮는 경우가 이 경우다.

자기 안의 두려움, 분노, 수치심을 다른 사람 탓으로 돌리는 '투사' : 자신이 비의식에 품고 있는 분노와 충동, 수치심을 남의 것으로 옮겨 놓는 것이다. 자신의 실패를 남의 탓으로 돌리는 것도 투사다.

분노를 자신에게 쏟아 붓는 '자기에게로의 전향' : 남에게 향하던 분노를 자기에게로 향하게 하는 것이다. 아이가 엄마한테 야단을 맞은 뒤 벽에다 머리를 찧는 경우다. 우울증도 내면으로 투사된 분노다.

좀 더 안전한 대상에게 감정을 대신 퍼붓는 '전치' : 어느 한 대상에 대한 감정을 덜 위험한 다른 대상에게 옮기는 것이다. 예를 들어 전라도 출신의 정치인을 미워하던 남편이 전라도 출신 아내에게 화를 내는 경우다.

꿩 대신 닭을 찾는 '대체형성' : 목적하던 것을 못 가지게 됨에 따라 오는 좌절감을 줄이기 위해 원래의 것과 비슷한 것을 취해서 만족을 얻는 방어기제다.

의식이 감당 못 하는 것을 없는 것처럼 만드는 '부정' : 영화를 볼 때 무서운 장면이 나오면 눈을 가리는 행위, 암으로 죽어 가면서도 의사의 오진이라고 주장하는 경우 등이 이에 속한다. 도저히 감당할 수 없는 괴로운 어떤 생각, 욕구, 충동 등을 비의식적으로 부정해 버리는 것이다.

금지된 것을 허용된 것으로 바꾸는 '상징화' : 어떤 대상이나 사상이 다른 대상이나 사상을 나타내는 데 사용되는 방어기제. 대체로 원래의 대상은 금기의 성질을 띠고 있으며 드러나는 대상은 중립적 또는 무난한 경우가 대부분이다. 소시지가 남성의 성기를 상징하는 것과 같다. 꿈에서도 상징화가 많이 사용된다.

약점을 보충하기 위해 취하는 노력, '보상' : 자신의 성격, 지능, 외모 등 이미지상의 결함을 메우려는 비의식적인 노력이 보상이다. 키 작은 사람이 목소리가 큰 경우나 성형수술도 하나의 보상행위다. 가난 열등감이 심한 사람이 명품을 찾는 것도 그렇다.

고통스러운 감정을 비의식으로 보내는 '격리' : 과거의 고통스러운 기억은 의식 세계에 남고 이와 관련된 감정은 비의식 세계에 보내서 각기 분리시키는 것이다. 감정이 의식에서 사라지면 우선 마음은 편해지기 때문이다. 하지만 격리는 강박장애를 일으킬 수 있다.

덜 힘들던 어린 시절로 돌아가는 '퇴행' : 동생이 태어나자 대소변을 잘 가리던 아이가 오줌을 싸게 되는 경우가 퇴행이다. 나이 드신 분들이 동창생들을 만났을 때 마치 그 시절의 아이처럼 행동하는 것은 양성의 퇴행으로 볼 수 있으며 어른이 아이 같은 행동을 병적으로 하면 악성 퇴행이다.

🍃　　　고통을 참지 못해 다른 사람이 되는 '해리' : 문학작품 《지킬 박사와 하이드》가 좋은 예다. 감당할 수 없는 아픔을 당할 때 인격은 해리 현상을 일으킨다. 고통을 참아 내고 처리할 만큼 성숙하지 못한 사람이 큰 고통에 직면했을 때 해리로 방어한다.

🍃　　　마음이 아프다고 알려 주는 '신체화' : 마음이 불안하고 괴로울 때 두통, 가슴의 통증, 위장 장애 등 신체 증상이 나타나는 것은 신체화 방어 때문이다. 마음의 고통이 인내의 한계에 도달했을 때 몸이 대신 '괴로워요, 도와주세요' 하는 구조 요청을 보내는 것이다.

🍃　　　상대방의 공격을 원천봉쇄하는 '유머' : 서로 적대적인 관계가 될 위험이 높을 때 유머로 분위기를 우호적으로 바꾸는 효과가 있다. 웃을 일도 아닌데 자꾸 웃으며 말하는 사람은 유머 방어를 쓰고 있는 것이다.

🍃　　　이룰 수 없는 욕망을 타인에게 이루게 하는 '이타주의' : 남들의 본능적 욕구를 집요하게, 건설적인 쪽으로 충족시켜 주는 것이다. 자신의 욕망을 충족시키지 못하고 그 욕망을 포기하는 대신 타인이 그 욕망을 충족하도록 헌신적으로 돕는 것이다. 그래서 대리 만족을 얻는다. 이렇게라도 해야 아픈 마음이 위로를 받기 때문이다.

세상을 적군과 아군으로 나누는 '분리' : 마음속에서 모든 것을 선과 악의 양극단으로 분리시키는 방어다. 그들에게 세상에는 아군과 적군만 있다. 분리 방어를 쓰는 이유는 인간관계에서 상처받은 경험 때문이다. 또다시 그런 아픔을 당하지 않으려고 선인과 악인을 분류해 놓는 것이다. 그래야 안전하게 대응할 수 있기 때문이다.

도덕적으로 어긋나지 않는 방법으로 욕구를 충족시키는 '승화' : 가장 성숙한 방어기제다. 본능적 욕구나 참기 어려운 충동 에너지를 예술, 스포츠, 특정 직업 선택 등으로 발산하는 것이다. 예를 들어 예술은 성적 욕망의 승화요, 외과 의사가 되는 것은 잔인한 공격 충동을 승화시키는 길이다.

마음은 고통으로부터 자신을 구하기 위해 여러 가지 방어기제를 사용하지만 이것이 근본적인 해결책은 아니다. 임시방편일 뿐이다. 자신이 주로 사용하는 방어기제를 점검해 보고, 이를 극복하도록 노력하는 것이 마음 관리다.

Part 5

마음은
아이와 같다

: 사랑으로 돌봐 주어야 한다

마음 관리는
에너지 관리다

정신과 의사로서 나는 사람의 마음이 참 신비롭다는 것을 자주 느낀다. 동시에 마음은 상처받기 쉬운 것이어서 잘 돌봐 주지 않으면 안 된다고 생각한다.

한 어머니가 있었다. 아들이 대학 입학시험을 보았다. 어머니는 초조하게 발표를 기다렸다. 발표하는 날 아들이 지원한 대학 게시판 앞에 섰다. 당시는 대학 게시판에 합격자 명단을 발표했다. 아무리 찾아보고 또 찾아봐도 아들의 이름이 없었다. '우리 아들 떨어졌구나.' 절망감으로 어머니는 주저앉고 말았다. '불쌍한 우리 아들을 어찌할꼬?' 마음이 천 근처럼 무거워 몸을 일으킬 수 없었다. 겨우 화단 옆 바위에 걸터앉아 망연자실 넋을 놓고 있었다.

그때 저쪽에서 아들이 달려왔다. "엄마, 거기서 뭐 하세요?" "애야, 괜찮아. 기회가 또 있을 거야." 어머니는 아들을 위로했다. "엄마, 무슨 말씀하시는 거예요? 저 붙었어요." 알고 보니 어머니는 문리대 게시판에서 아들의 이름을 찾고 있었던 것이다. 아들은 법대였다. 아들이 합격했다는 사실을 알게 된 순간 어머니는 아들을 안고 펄쩍펄쩍 뛰었다. 몸이 날아갈 듯이 가벼웠다. "우리 아들 합격했어요" 하고 고함이라도 치고 싶을 만큼 행복감에 가슴이 벅찼다. 지나가는 사람들이 모두 친구처럼 친근하게 느껴지는 것도 신기했다. 불과 수초 전만 해도 일어날 기운조차 없었던 것을 생각하면 정말 극적인 변화였다.

이럴 때 몸 안에서도 극적인 변화가 일어난다. 마음이 흥분하면 뇌의 변연계로 전달돼 심장은 빨리 그리고 높게 뛴다. 엔도르핀이 분비되고 쾌감이 증가한다. 이 모든 일이 불과 수초 만에 일어난다. 아들의 합격 소식이 신체와 마음의 변화를 일으킨 것이다. 그래서 현인들은 마음 관리가 인생사에서 가장 중요한 과제라고 했다. 마음을 잘 관리하기 위해서는 자기감정을 잘 파악해야 한다. EQ가 높은 사람들은 이걸 잘한다.

IQ가 높은 사람들은 문제를 잘 풀지만 EQ가 높은 사람들은 감정 파악을 잘한다. '내가 화 났나?', '내가 슬픈가?'

자기감정을 파악한 후에 '그런데 이 감정은 뭐지?' 하는 식으로 자기 분석을 하는 것이다. 그리고 '괜찮아. 내가 누군데! 이보다 더 어려울 때도 잘해 왔는데 이까짓 걸 가지고 뭘….' 이렇게 긍정적인 언어를 마음에 먹인다. 그러면 뇌의 변화와 호르몬의 변화가 나타나 마음이 밝아질 수 있다. 특별히 건강한 사람들은 이렇게 마음 관리를 잘하며 사는 사람들이다.

늘 피곤하고 무기력한 건 정신 에너지가 없어서다

그렇다면 마음은 어떻게 관리하는 것이 좋은가? 먼저 정신 에너지(psychic energy)를 잘 관리해야 한다. 정신 에너지가 고갈되면 휘발유 떨어진 자동차처럼 꼼짝 못하게 된다. 탈진 상태가 되는 것이다. 정신 에너지의 충전을 위해서는 잠을 잘 자야 한다. 수면 중에 정신 에너지가 충전되기 때문이다. 정신 에너지가 빠져나가는 것을 막아줄 필요도 있다. 정신 에너지를 소모시키는 주범은 스트레스다. 스트레스 관리를 잘해야 정신 에너지를 유지할 수 있다.

먼저 정신 에너지를 알아보자. 행복하기 위해서는 정신 에너지의 낭비를 막아야 한다. 늘 피곤하고 무기력한 사람이 있다. 자신감도 없고 살맛도 나지 않는다고 한다. 입맛도 없고 잠도 깊이 들 수 없다. 성욕도 없고 재미있는 일이 하나도 없다고 한다. 쉬어 보고 잠을 오래 자 봐도 피곤하기는 마찬가지다. 이런 상태를 정신의학에서는 가성 피곤(pseudo fatigue)이라고 한다. 우리에게는 두 가지 피곤이 있다. 건강한 피곤(healthy tiredness)과 가성 피곤이다. 건강한 피곤은 하고 싶은 일을 열심히 한 다음에 느끼는 피곤이다. 이런 피곤은 한숨 잘 자고 나면 거뜬하게 풀린다.

문제는 가성 피곤이다. 정신 에너지의 탈진으로 인한 피곤이다. 정신 에너지를 보충해 주지 않으면 아무리 오래 쉬고 좋은 보약을 먹어도 피곤은 풀리지 않는다. 높은 지위에 앉은 사람도 이럴 수 있다. 돈 많은 사람이 이런 상태에 빠지면 스스로 너무 억울하다. '이러려고 내가 그 고생을 하며 돈을 모았나?' 정신력이 바닥난 사람들이 이런 상태에 빠진다. 정신력의 누수를 막아야 한다.

정신 에너지가 고갈되었을 때
나타나는 신호들

그렇다면 정신력이란 무엇인가? 이 에너지는 전기 에너지처럼 갈바노미터(galvanometer)로 잴 수 있는 것이 아니다. 그러나 모터가 돌아가기 위해서 전기 에너지가 필요하듯이 마음이 작동할 때마다 필요한 에너지다. 정신 에너지는 통화량처럼 사람마다 일정량이 있다. 국가의 통화를 지하 경제가 많이 소모할수록 생산적인 투자를 할 수 없어 국가가 가난해지는 것처럼 정신 에너지도 엉뚱한 일에 소모하면 마음이 무기력해진다. 정신 에너지가 고갈되었을 때 나타나는 신호들에는 어떤 것들이 있는지 알아보자.

정신 에너지가 고갈되면 공부를 못한다. 예컨대 고등학교 3학년 여학생이 아버지와 함께 정신과를 찾아왔다. 학생은 공부를 할 수 없게 되었다며 엉엉 울었다. 일주일 전부터 몸이 나른하고 의욕이 없어지더니 공부를 해도 남는 것 없이 머리가 텅 빈다고 했다. 열심히 하면 할수록 머리에 남는 것이 없었다. 마음만 바쁘고 몸이 따라 주지 않았다. '도저히 안 되겠다, 큰일 났다' 하는 절망감이 무섭게 엄습해 왔다. 이 학생은 자존심도 강하고 공부 욕심도 많아서 성적이 최상위 그룹이었다.

탈진 증후군(burn out syndrome)이라고 판단되었다. 정신 에너지를 너무 과도하게 써 버린 탓이었다. 나는 의과 대학생들 중에서 이런 학생들을 많이 보았다. 모든 정신 활동에는 에너지가 필요하다. 정신 에너지가 공급되어야 주의 집중이 되고 암기도 된다. 공부도 할 수 있다. 충전 없이 소모만 하면 에너지의 고갈이 온다. 이 상태가 탈진 증후군이다.

이 학생은 왜 이렇게 정신 에너지를 소모하게 되었을까? 알고 보니 라이벌 때문이었다. 공부 잘하는 학생들은 대개 라이벌이 있다. 이 학생도 라이벌이 있었다. 사실 라이벌을 갖고 산다는 것은 피를 말리는 일이다. 라이벌에게 느끼는 패배감이 너무나 아프기 때문이다.

내가 아는 고등학교 선생이 흥미로운 이야기를 들려줬

다. 그가 담임을 맡고 있는 아이 중에 항상 1등을 하는 공부 욕심이 많은 아이가 있었다. 어느 날 모의고사 성적이 나왔는데, 그 애 성적이 너무 떨어져서 실망할까봐 걱정되었다.

그런데 그 애는 걱정과 달리 친구들과 희희낙락했다. "넌 성적도 떨어진 애가 뭐가 좋아서 생글거리니?" 그래도 그 애는 "괜찮아요" 하며 태연했다. 알고 보니 라이벌의 성적이 그 애보다 더 떨어진 게 이유였다. 이것이 라이벌의 심리다. 성적이 떨어져도 라이벌만 이기면 기분이 좋다.

그런데 라이벌의 문제는 비단 어린 학생들만의 문제가 아니다. 정신과 진찰실에서 나는 라이벌 때문에 피가 마르게 고생하는 어른들을 만나곤 한다. 특히 여고 동창끼리의 라이벌은 일생을 가는 것 같았다. 동서끼리도 라이벌이 많다.

다시 처음 학생의 이야기로 돌아가자. 어느 날 모의고사를 치렀다. 등 뒤에서 라이벌이 다른 친구와 답을 맞춰 보는 소리가 들렸다. 안 듣는 척했지만 자기도 모르게 귀를 기울였다. 그런데 이게 웬일인가. 내가 틀린 문제들을 라이벌은 다 맞혔다. 가슴이 철렁 내려앉으며 갑자기 초조해졌다. 그날부터 잠 잘 시간도 없이 공부했다. 공부를 하면 할수록 모르는 것이 나왔고 라이벌은 이미 다 알고 있는 것 같아 불안했다. 그래서 더 공부에 몰두했다. 그러는 사이 정신 에너지가 고갈된 것이다.

나는 학생에게 일단 책을 덮고 일주일만 푹 쉬라고 했다. 좋아하는 영화도 보고 아버지와 드라이브도 하고 고기와 야채를 많이 먹으라고 했다. 그리고 잠이 약이니 8시간 이상을 자라고 처방했다. 학생은 "어떻게 한가롭게 그럴 수가 있느냐"고 난감해했지만 내 말을 따르기로 했다. 3일 만에 다시 만났을 때 학생은 정신 에너지가 많이 회복되어 있었다. "교수님, 저 학교 가고 싶어요" 말하고는 학교로 돌아갔다. 이 학생에게서 보듯이 정신 에너지가 고갈되면 기억력이 급격히 떨어지고 공부가 안 된다.

에너지가 고갈되면 사람이 싫어진다. 그러나 회복되면 사람들에게 친근감을 느낀다. 사람도 만나기 싫고 대인관계를 피하는 사람들은 에너지 누수가 많은 사람들이다. 의욕이 없고 늘 피곤한 사람들도 에너지 체크가 필요하다. 피곤을 느낀다고 간 기능 검사만 하지 말고 정신 에너지가 누수되고 있지는 않은지 마음을 살펴야 한다. 정신 에너지가 고갈되면 짜증이 난다. 평소와 달리 신경질이 자주 나고 주위 사람들과 잘 싸운다면 정신 에너지의 고갈을 의심해 봐야 한다. '요즈음 내가 왜 이러지? 왜 이렇게 신경질이 많이 나는 거지?' 평소보다 짜증이 많이 날 때도 에너지 체크를 해볼 필요가 있다. 어질러진 책상과 장롱, 빨래거리들… 치울 엄두가 안 날 때도 에너지 체크가 필요하다.

어느 날 자기도 모르게 사무실을 정리하고, 밀린 빨래를 하며, 숙제를 끝내고, 집안을 말끔하게 정리했다면 에너지를 찾은 것이다. 신문을 읽을 때도 에너지양을 측정할 수 있다. 주먹만 한 큰 글자만 읽고 던져 버릴 때는 에너지가 부족할 때다. 그러다가 어느 날 깨알같이 작은 기사까지 읽게 되었다면 에너지를 회복한 날이다. 친구들 중에도 어떤 친구는 항상 의욕적이고 에너지가 넘치는 친구가 있는가 하면 반대로 소금으로 간해 놓은 배추처럼 늘 축 늘어져 있는 친구가 있다. 그런 친구는 보는 사람까지 무기력감을 느끼게 한다. 의욕이 넘치는 친구를 보면 '저 친구를 임신했을 때 어머님이 산삼을 드셨을 거야' 하고 생각할 만큼 혈기왕성하다. 그러나 비결은 산삼이 아니다. 정신 에너지의 관리가 핵심이다.

100이라는 정신 에너지 중 50을 엉뚱한 데 소모하고 사는 사람은 100을 가지고 사는 사람보다 가난할 수밖에 없다. 빼앗긴 에너지를 찾아와야 넉넉해지고 힘도 생긴다. 사람 만날 맛도 생기고 피곤도 덜 느낀다. 잃었던 성욕도 돌아온다. 마음 관리는 정신 에너지 관리라고 할 수 있다. 정신 에너지는 늘 소모되고 재충전된다. 그렇다면 정신 에너지는 어떻게 재충전할까? 만성적인 정신 에너지의 소모를 어떻게 막을 수 있을까? 이에 대해서 생각해보자.

에너지를 빼앗아 가는 스트레스, 어떻게 처리할까?

정신 에너지를 빼앗아 가는 주된 요인은 스트레스다. 그런데 내가 정신과 의사 생활을 하면서 만난 사람들이 호소하는 주된 스트레스는 대략 세 가지였다.

첫째는 '포기할 것을 포기하지 못하는 것'이었다. 그래서 처방도 '포기를 잘하라'이다.

둘째는 미움이었다. 남을 미워하는 것은 미움 받는 것보다 더 큰 스트레스다. 이때 처방은 '용서하라. 미움은 몸과 마음을 병들게 한다'이다. 분노는 자율신경을 자극해서 갖가지 병을 만든다. 억울한 일을 당한 것만 해도 분하고 괴로운데 신체적인 아픔까지 당한다면 너무 큰 희생이다. 마음속에 미운 사람을 담고 있어서는 안 된다. 이 증오심이 자신을 병들게 하고 수명을 갉아먹기 때문이다.

셋째는 열등감이다. 열등감이 있는 사람은 우울하고 오해를 잘하며 매사를 더 괴롭게 받아들인다. 무슨 안 좋은 일이 있을 때마다 "역시 나는 재수 없는 인간이라 되는 일이 없어." 이런 말을 수시로 한다. 이때 처방은 '열등감을 벗고 자존감을 가져라'이다.

이 세 가지 스트레스를 좀 더 자세히 알아보자.

정신 에너지를 빼앗아 가는 스트레스 1
: 포기할 것을 포기하지 못하는 것

정신 에너지를 빼앗아 가는 첫 번째 스트레스는 '포기할 것을 포기하지 못하는 것'이다. 포기할 것은 포기하자. 이성적으로는 포기해야 한다는 것을 잘 안다. 그러면서도 마음은 포기하지 못하고 그 일에 매달려 시달리는 사람들이 많다. 한의사 한 분이 나에게 자신의 경험을 얘기했다. 그는 성공적인 한의사였고 돈도 많았다.

어느 날 어릴 때부터 죽마고우이며 고등학교 동창인 친구가 6,000만 원을 빌려 달라고 했다. 그는 흔쾌히 빌려 주었다. 그런데 1년이 지나도 친구는 돈에 대해 일절 말이 없었다. 어느 날 점심을 함께하면서 조심스럽게 물었다. 그는 "그 돈 잘 있냐"고 물었을 뿐인데 친구가 불쾌한 반응을 보였다.

그런 일이 있은 후 시내에서 동창생들을 만날 때면 예전과 달리 살갑지가 않았다. 불쾌했지만 이유를 알 수 없었다. 하루는 바른말 잘하는 동창에게 충격적인 말을 들었다. "야, 너 돈 좀 있다고 친구지간에 위세 부리지 마. 친구들 사이에서 네 여론이 안 좋아." 알고 보니 돈 빌려 간 친구가 악담을 하고 다닌 것이었다.

돈 빌려 간 친구에게 따졌더니 오히려 화를 내며 "나 기분 나빠서 네 돈 못 갚는다. 안 갚을 거다. 너 재주 있으면 받아 가봐"라고 했다. 소송을 걸어서 혼을 내주려고 차용증을 찾았는데 아무리 찾아도 없었다. 차용증이 없이는 재판도 할 수 없었다. '아니, 이런!' 한순간에 돈 떼이고 바보 된 기분이었다. 돈도 돈이지만 배신감 때문에 괴로웠다. 분을 참을 수가 없어서 몇 날 며칠 날밤을 샜다. 잠도 못 자고 먹지도 못하고 환자도 보지 못했다. 그렇게 20여 일을 보냈다.

그러던 어느 날 새벽 벌레 소리만 교교히 들리는데 신경이 극도로 예민해져 있었다. 그때 문득 무서운 생각이 들었다. '나 이러다 미치는 것 아냐?' 그리고 이어서 '어허, 내가 지금 무슨 짓을 하고 있는 거야. 6,000만 원 떼인 것도 손해가 얼만데 미쳐 버리면 이건 또 무슨 손해고 멍청한 짓인가' 하는 생각이 들었다. 그러자 신기하게도 그 순간 20여 일 만에 잠이 퍼붓듯이 쏟아졌다. 눈을 떠 보니 오후 5시였다. 그 길로 일어나 씻고 먹고 일하게 되었다.

"그것 참, 사람 마음이 신기합디다. 친구한테 돈을 받은 것도 아니고 그놈이 와서 잘못했다고 빈 것도 아닌데 말이지요. 환경이 달라진 것은 하나도 없었어요. 그런데 잠이 오더란 말입니다" 포기의 효과였다. 그는 마음의 소리를 듣고 바로 돈을 포기했다. 친구에게 보복하려던 마음도 포기했다. 이렇게 마음을 정리하자 잠이 쏟아진 것이다.

사람들은 마음의 고통이 환경이나 상황 때문이라고 생각하지만 이 한의사의 경우처럼 환경보다는 마음 때문에 고통스러워하는 것이다. 그런데 전문가 입장에서 볼 때 한의사가 돈을 포기할 수 있었던 것은 마음으로 계산을 끝냈기 때문에 가능했다. 그 계산은 미적분처럼 어려운 계산이 아니었다. 아주 쉬웠다. '6,000만 원 더하기 미치기'라는 아주 쉬운 산수 문제였다. 이렇게 쉬운 문제를 푸는 데 잠도 못 자고 그 고생을 하면서 20일을 보낸 것이다.

포기는 쉽지 않다. 마음의 문제가 쉽지 않기 때문이다. 그러나 마음이 건강한 사람은 포기할 줄 안다. 한의사처럼 마음의 소리를 들을 때 자유로울 수 있다. 지금 이 순간 내가 포기하지 못하는 것은 무엇인가? 돈일 수도 있고, 일류대학일 수도 있고, 자리일 수도 있다. 첫사랑을 포기하지 못하는 사람들도 많다. 그러나 포기할 것은 마음먹고 포기하자. 그래야 정신 에너지의 낭비를 막을 수 있다.

정신 에너지를 빼앗아 가는 스트레스 2
: 미움

남을 미워하는 것은 미움을 받는 것보다 더 큰 스트레스다. 그래서 이 경우 처방은 '용서하라. 미움은 병을 만든다'이다. 40대 부인이 정신과 진찰실을 찾아왔다. 우울증이 심했다. 벌써 석 달째 잠도 못 자고 먹지도 못한다고 했다. 체중이 5kg이나 빠져서 걸을 기운도 없었다. 전화벨 소리에도 놀라고 진땀이 흘렀다. 특이한 증상은 끝이 날카로운 칼이나 송곳을 보면 그걸로 누구를 찌를 것 같은 상상이 떠오른다고 했다. 사고를 저지를 것 같아 두려워서 집 안의 칼을 다 치워 버렸다고 했다. 분노를 억압하는 사람들이 흔히 보이는 증상이다. 원인은 남편의 외도 때문이었다.

남편은 사업을 크게 하는 회사 사장이었다. 그런데 여비서와 외도를 했다. 그것도 수년 동안 자기를 감쪽같이 속이고 관계를 가져 왔다. 부인은 이런 사실을 알기 전까지 여비서를 신임하고 예뻐했다. 집안은 가난했지만 비서는 성실하고 예의 바르며 정직했다. 예쁘고 좋은 대학을 나왔는데도 겸손했다. 부인이 위암 수술을 받았을 때는 수개월간 집안 살림을 도맡았고 간호도 헌신적으로 해주었다.

그런데 알고 보니 그 당시에도 남편과 그런 관계였다. 부인은 비서의 교활함에 소름이 끼친다고 했다. '그 애는 내가 죽기를 얼마나 바랐을까?' 남편은 부인에게 용서를 빌었고 비서를 내보낸 뒤 관계를 청산했다. 부인은 남편을 어느 정도 이해한다고 했다. 본성이 모질지 못해서 가난한 비서를 동정하다가 그렇게 된 것 같다는 것이다.

그러나 자꾸 의심이 든다고 했다. '나 몰래 어디서 만나고 있는 것 아냐?' 그러나 남편에 대한 감정은 참을 만해졌다. 문제는 교활한 그 애에 대한 분노였다. 죽이고 싶도록 미웠다. 칼을 두려워한 것도 여비서에 대한 증오심 때문이었다. 분노로 여비서를 죽일 것 같아서 칼을 치워 버린 것이다. 배가 고파서 뭘 좀 먹으려다가도 그 애 생각이 나면 음식을 도저히 넘길 수가 없었다. 피곤해서 잠을 좀 자려 해도 그 애 모습이 떠오르면 자기도 모르게 벌떡 일어났다. 가슴은 방망이질 하고 주먹 쥔 손은 부들부들 떨렸다. 먹지도 자지도 못하고 너무 괴롭다고 했다. 누군가를 미워한다는 것은 정말 지독한 고통이다. 그런데 더 억울한 것은 가해자인 여비서는 잘 먹고 잘 살고 있다는 것이다. 참으로 억울하고 분통이 터졌다.

누구를 미워할 때 엄청난 정신 에너지를 소모한다. 몸도 쇠약해지고 마음도 힘을 잃어버린다. 그러다가 면역 기능이 떨어지면 암이 발생할 수도 있다. 누군가를 미워하면 자신이 먼저 병이 든다. 그러므로 미운 사람을 갖지 않기로 마음을 정할 필요가 있다. 용서하는 게 가장 좋은 방법이지만 용서는 그렇게 쉽게 되지 않는다. 그래도 이렇게 마음먹으면 용서하기가 좀 더 수월해진다. 상대의 입장에서 생각해 보는 것이다. '나를 괴롭히려고 그런 짓을 저지른 것은 아니었어. 생각해 보면 그 애도 불쌍한 아이지. 치매 걸린 아버지에 정신병자인 오빠 뒷바라지하느라고 결혼도 못하고….' 그래도 용서는 쉽지 않다. 그러나 용서하지 않으면 몸도 마음도 병든다.

미국 심리학 잡지에서 흥미로운 연구 결과를 발표했다. 아내들에게 가장 미운 사람을 하나씩 적으라 했더니 놀랍게도 남편이 가장 많았다. 우리나라 아내들도 남편을 '웬수'라고 부르곤 한다. '왜 그럴까? 사랑하는 남편이 가장 미운 사람이기도 하다니?'

해석은 이랬다. 사랑하니까 기대가 높고 실망도 크기 때문이다. 그리고 함께 살아온 세월이 길기 때문에 섭섭한 일도 그만큼 많기 때문이라는 것이다.

예컨대 남편이 시아버지 생신에는 50만 원을 보내더니 장인 생신에는 5만 원을 봉투에 담았다. '이럴 수가…!' 또 이런 일도 있었다. 시동생 등록금은 마이너스 통장에서 전액을 빼서 대주더니 친정 동생이 사정할 때는 쌀쌀

맞게 거절했다. 어느 날 아쉬운 소리 할 줄 모르는 동생이 찾아와서 남편에게 이렇게 말했다. "매형, 등록금 반만 도와주십시오. 절반은 아르바이트해서 모았는데 이 이상은 도저히 안 되겠습니다. 졸업하고 취직하면 갚아드리겠습니다." 자존심 강한 동생이 오죽하면 찾아왔을까. 그런데 남편은 "내가 무슨 돈이 있냐?"며 단칼에 거절했다.

이런 섭섭한 기억들은 의식에서는 사라지더라도 비의식에서 지워지지 않고 남아 있다. 그런데 기억은 저마다 일정량의 정신 에너지를 먹고 있다. 이런 기억들이 많을수록 자신도 모르게 소모되는 정신 에너지의 양이 증가한다. 에너지가 부족하니 무기력해질 수밖에 없다. 삶의 효율성도 떨어진다. 이런 분노의 보따리들을 다 풀어 버려야 한다. 예컨대 "지금까지 지은 남편의 모든 죄를 이 시간부터 다 용서하겠다"고 자신에게 선언해 보라. 진심으로 선언했다면 그때 에너지가 회복된다. 기운이 나고 의욕이 생기는 것을 느낄 것이다.

남자들에게도 분노의 기억이 있을까? '중학생 때 나를 괴롭히던 애', '나를 때린 선생님' 등 억울했던 기억을 가지고 있는 어떤 남자를 보았다. 그때 일을 생각하면 벌써 20여 년 전 일인데도 마치 어제 일처럼 생생한 감정이 치솟아 오른다고 했다. 그런 기억들을 마음에서 처리해 버려야 에너지 누수를 막을 수 있다. '그때 그런 일이 있었지. 나도 어렸고 그 애도 어렸어. 지금이라면 당하고 있지만은 않았을 텐데…. 그러나 다 지난 일이야. 그 일로 더이상 감정을 낭비할 필요는 없지.' 이렇게 한 번은 마음으로 짚고 넘어갈 필요가 있다.

정신 에너지를 빼앗아 가는 스트레스 3 : 열등감

열등감이 있는 사람은 오해를 잘하고 매사를 더 괴롭게 받아들인다. '역시 나는 못난 놈이라 되는 일이 없어.' 이런 식이다. 열등감은 마음의 세균이다. 따라서 처방도 '열등감을 벗고 자존감을 가져라'이다.

그렇다면 열등감은 과연 무엇인가? 이상적 자기(ideal self)와 현실적 자기(actual self) 사이의 차이를 크게 느끼는 것을 말한다. 현실의 자기를 인정하지 못하고 부끄러워할 때 열등감이 된다. 학벌 열등감, 외모 열등감, 집안 열등감, 능력 열등감 등 다양한 열등감이 있다.

열등감이 야기하는 문제는 우선 자신에 대해 부정적이고 낙제 수준의 점수로 평가한다는 것이다. 대개는 어릴 때 시작되어 몸에 배어 버려서 열등감이 된다. 이런 이들은 부정적 자아상과 자기 비하적 자아상을 가지고 있다. '나는 무능하고 실패를 잘하는 사람이야.' 이렇게 열등감이 심하면 대인관계가 어렵다. 예컨대 친구에게 전화했을 때 신호가 가도 받지 않으면 화가 난다. 친구가 나를 싫어하기 때문에 받지 않는 것이라고 해석하기 때문이다. 이성적으로는 그럴 리 없다는 것을 알아도 마음은 분노에 휩싸이고 만다.

그러므로 가장 먼저 '나의 열등감은 무엇인가. 나의 무엇이 나를 가장 부끄럽게 만드는가?'를 인식하는 것이 중요하다. 그리고 자신에 대한 지나친 기대를 버려야 한다. 완벽주의자들은 이게 어려울 것이다. 그래서 완벽주의자들 중에 열등감이 심한 사람들이 많다. 인생이 '공사 중'임을 인정하고 비난하지 말라.

다음 단계는 '고칠 수 있는 것은 고쳐라'이다. 그 다음은 '할 수 없는 것은 포기하라'이다. '나도 노력하면 잘 해낼 수 있어' 하는 자기 성취적 예언(self-fulfilling prophecy)도 필요하다.

마음의 울타리가 무너지면
스트레스가 생긴다

마음에도 울타리가 있다. 이 울타리는 내 마음과 남의 마음을 구별 짓는 경계선이다. 자아 경계선(ego boundary)이라고도 한다. 울타리가 튼튼해야 도둑을 막는 것처럼 마음의 울타리가 실해야 마음을 지킬 수 있다. 마음의 울타리가 부실하면 내 마음과 남의 마음이 뒤섞여 혼란에 빠질 수 있다. 극단적인 경우의 예를 들어 보겠다.

정신분열증을 앓고 있는 청년이 있었다. 아침 회진 시간에 치료자가 물었다. "요즈음 무슨 생각을 많이 하시지요?" 환자는 뜻밖의 반응을 보였다. "다 알면서 왜 물어요? 내가 무슨 생각을 하는지 교수님은 다 알잖아요." 환자는 그렇게 믿고 있었다. 마치 가슴에 투명 유리창을 달고 있어서 남들이 자기 마음을 다 들여다볼 수 있다고 믿었다. 자기 생각이 공중파 방송으로 이미 방송돼 버려서 사람들이 다 알고 있다고 믿었다. 정신의학 용어로는 '사고의 방송'이라고 한다.

그러나 본인 입으로 말해 주지 않는 한 남의 마음을 어떻게 안단 말인가? 이런 사람은 자아 경계선이 무너진 것이다. 마음의 울타리가 무너졌다. 남들이 마음 내키는 대로 내 마음속에 들어와 알고 싶은 정보들을 다 가져간다고 믿고 있다. 이런 환자들도 회복되면 자기 마음을 남들이 알 수 없다는 것을 알고 안심한다.

그런데 소위 정상적인 사람들도 마음의 울타리를 지키지 못하는 것을 자주 본다. 직장 여성 M은 아침에 출근하면서 예쁜 숙녀복을 입고 나갔다. '옷이 예뻐서 남자들이 감동할 거야.' 이런 기대를 갖고 사무실 문을 열고 들어갔다. 그런데 짓궂은 N이 "M양, 무슨 옷이 그래? 아동복을 입고 다니는 거야?" 하고 놀렸다. M양은 그 말을 듣자마자 갑자기 자기 옷이 아동복으로 보였다. 방금 전까지만 해도 예쁜 숙녀복이었는데 말이다. 얼른 화장실에 가서 거울에 비쳐 보았다. 그런데 보면 볼수록 아동복처럼 보여서 당장에 옷을 벗어 버리고 싶었다.

M양은 마음의 울타리가 부실한 사람이다. N의 말이 M양의 울타리를 무너뜨리고 범람해서 그녀의 집을 휩쓸어 버렸다. 그래서 M양의 집까지 아동복이 돼 버렸다.

그러나 마음의 울타리가 건강한 사람이라면 얘기는 달라진다. 같은 상황을 설정해 보자. 예쁜 숙녀복을 입고 출근했다. 사무실에 들어섰을 때 N이 아동복을 입고 다닌다

고 놀린다. 그때 마음의 울타리가 건강한 M양은 이렇게 반응할 것이다. "이 옷이 아동복 같아요?" N은 그렇다고 또 놀린다.

그때 M양은 이렇게 말한다. "그럴 거예요. 애들 눈에는 아동복밖에 안 보일 테니까." N의 집에서는 아동복이지만 M양의 집에서는 숙녀복이다. 두 집 사이에는 울타리가 경계를 지어 주고 있다. 범람을 용납하지 않는다. 마음의 울타리를 잘 지켜야 휩쓸리지 않고 남의 말에 영향도 덜 받고 살 수 있다.

거절할(say no!) 줄도
알아야 한다

'노'(No)라고 말하지 못하는 사람들이 있다. 30대 초반의 가정주부 P씨는 대학 친구의 부탁을 거절하지 못해 등록금을 빌려 준 적도 있다. 친구가 등록 마감일까지 돈을 갚지 않아서 미등록 제적을 당할 뻔했다. 다행히 아슬아슬한 순간에 어머니가 해결해 주셨다.

뿐만 아니다. 시험 전날 노트를 빌려 주기도 하고 친구의 하소연을 들어 주느라고 날을 새우기도 했다. 마음은 시험공부 걱정으로 가득했지만 내색하지 못했다. 외판원이 와도 거절을 못한다. 사고 싶지 않은 물건도 차마 거절을 못하고 사들인다. 화장품, 가전제품, 책… 할부로 받아 놓은 상품들이 쓰지도 못한 채 집에 쌓여 있다. 매달 돈을 지불할 때면 속이 상한다. '나는 왜 이 모양일까?' 후회와 자책으로 마음이 아프다.

P씨 같은 성격의 사람들은 우울증에 잘 빠진다. 인생을 살다 보면 피치 못하게 거절해야 하는 경우가 있다. 부탁하는 사람의 딱한 형편도 있지만 거절하는 내 입장도 있기 때문이다. 그런데 매사에 P씨처럼 거절을 못하면 인생은 후회와 원망으로 무겁게 내려앉고 만다. 어떤 성격의 사람들이 거절을 못할까?

어떤 이들은 인정이 많아서 거절을 못한다고 한다. 그러나 정신의학에서는 그렇게 보지 않는다. 거절 못하는 성격에는 여러 유형이 있는데 그중 가장 많은 것이 의존적인 성격이다. 이런 성격의 특징은 줏대, 즉 주체성이 약한 것이다. 자기 주관에 따라 결정을 못 내리고 남의 도움에 의지한다.

예컨대 백화점에서 구두 한 켤레를 살 때도 누군가가 같이 가주어야 하고 결정을 내려 주어야 선택할 수 있다.

심지어 배우자를 선택할 때도 "엄마가 골라 줘. 나는 시집 갈게" 한다. 남의 부탁을 거절하면 그 사람을 잃을 것 같은 불안에 빠진다. 의지할 대상을 잃는다는 것은 의존적인 성격의 사람들로서는 견디기 힘든 일이다. 상대방을 잃지 않기 위해서 성적 요구를 거절 못하는 사람도 있다. 비싼 대가를 지불하고 후회하는 경우가 빈번하다.

거절 못하는 또 다른 유형은 연민형이다. '오죽하면 이런 부탁을 하겠는가, 그런데 내가 거절한다면 얼마나 상처를 받을까.' 이런 성격의 사람은 어려서 거절당한 아픈 기억을 무의식에 담고 있는 경우가 많다. 어머니에게 버림받았거나 형제를 떠나 할머니 손에서 컸거나, 부모가 아들만 편애하는 집에서 자랐거나, 엄마가 언니만 예뻐했거나 하는 식이다.

어린 시절 형제가 너무 많아서 부모의 관심 밖으로 밀려난 사람도 있다. 학창 시절에 왕따당한 기억 때문에 거절을 못한다. 거절의 상처를 입은 사람들은 거절에 민감하다. 부탁을 받으면 거절을 못한다. 거절당할 사람의 아픔을 예상하기 때문이다.

그런데 문제는 자신의 아픔을 상대의 것으로 착각하는 데 있다. 정신의학에서는 투사라고 한다. 많은 경우 부탁

239

하러 온 상대방은 거절당해도 '형편이 그럴 수밖에 없는가 보다'고 이해한다. 그런데 연민형 성격은 사태를 훨씬 심각하게 생각한다. '거절당하면 이 친구는 부끄럽고 비참하여 견디기 힘들 거야, 내가 당했던 것처럼….'

열등감이 심한 사람도 거절을 못한다. 이런 사람들은 자신을 부정적으로 본다. '나 같은 것이 뭘…!' 미운오리 새끼같이 자신을 평가하고 학대한다. 마음속에 이런 음성을 갖고 산다. '얼굴도 못생긴 것이 뭐가 잘났다고…', '학벌도 형편없는 것이…', '돈도 없는 것이…', '몸은 뚱뚱해가지고…' 이런 식이다.

열등감이 심한 사람들이 거절을 못하는 심리는 못난 자신은 남의 부탁을 거절할 권리도 없다고 여기는 것이다. 작은 눈에 대한 열등감을 갖고 있는 여인은 부탁을 받았을 때 무의식 중에 이렇게 생각한다. '눈도 작은 나 같은 것이 거절한다면 저 애가 나를 얼마나 우습게 볼 것인가. 눈이 크고 쌍꺼풀만 있어도 자신 있게 말할 수 있을 텐데….' 많은 사람들이 열등감을 갖고 있으면서도 이런 내적 진실을 부정하거나 모른 채 살고 있다. 거절을 못하게하여 큰 부담을 떠안고 살게 만든다.

'예스맨'(yes-man)도 좋지만 거절할 줄 알아야 편하게 살 수 있다. 다만 부탁하는 상대방이 자존심 상하지 않게 거절할 줄 알아야 한다. 내 형편을 이야기하는 것이 좋다. 예컨대 카메라를 빌려 달라는 친구에게 미안한 어조로 "애 아빠가 카메라를 너무 애지중지하거든… 그래서 빌려 주면 굉장히 화를 낼 거야. 어쩌지?"라고 말하는 것이다.

스트레스 전문가들의 스트레스 처리법

얼마 전 〈리더스 다이제스트〉가 심리학자들을 만나서 스트레스 해소법을 조사했다. 이것을 적용하는 것도 도움이 될 것이다.

목욕을 하라
(패리어트 브레이커, 로스앤젤레스의 심리학자)

뜨거운 물에 들어가 느긋하게 목욕을 하는 것은 긴장을 푸는 멋진 방법이다. 김이 나는 뜨거운 물은 진정 효과를 가지고 있으며 목욕하는 동안은 다른 사람들을 잊어버리고 자기만의 시간을 즐길 수 있다. 때때로 나는 욕조에서 요리책이나 잡지를 읽는다. 또는 상품 안내서를 보면서 살 만한 물건들을 고르기도 한다. TV를 욕실에 들여다 놓고 코미디나 비디오를 보기도 한다. 어젯밤에는 거품 목욕을 하면서 〈대부〉를 보았다.

과민반응을 보이지 말라
(앨런 엘킨, 뉴욕 스트레스 상담센터 소장)

약속 시간에 늦었거나 옷을 입혀 아이들을 학교에 보내느라고 쩔쩔매다 보면 짜증이 난다. 그러나 그런 일에 일일이 짜증을 내다 보면 스트레스만 쌓인다. 그래서 나는 문제들을 10등급으로 구분한다. 사랑하는 사람의 죽음이나 실직 같은 일이 가장 높은 등급인 10에 해당한다. 아이들에게 옷을 입히는 것은 1등급쯤 된다. 내 넥타이에 커피를 흘리는 것은 2등급이다. 이런 사소한 일들을 7등급이나 되는 것처럼 생각한다면 그것은 과민반응이다.

마음을 다스려라
(폴 로시, 미국 스트레스 연구소 소장, 뉴욕의과대학 정신의학 임상교수)

어떤 사람에게는 롤러코스터를 타는 것이 괴로운 일이지만, 다른 사람에게는 스릴 넘치는 즐거운 놀이다. 일반적으로 스트레스는 상황을 스스로 조절할 수 없다는 느낌에서 생긴다. 나는 교통체증으로 늦게 되었을 때 짜증을 내곤 했다. 그래서 그런 경우 전화를 한다. 전화가 교통체증에서 나를 빼내 주지는 못하지만 대신 일정을 조정할 수는 있었다.

스트레스를 없애는 요령은 이렇다. 자기 힘으로 제거할 수 있는 골칫거리들은 미리 제거해 버리고 그럴 수 없는 문제들은 받아들이는 것이다. 알코올중독자들의 금주 모임에서 암송하는 다음의 기도에 많은 진실이 포함되어 있다. "주여, 저에게 제가 바꿀 수 없는 일을 받아들이는 마음과 제가 할 수 있는 일을 해낼 수 있는 용기, 그리고 그 차이를 알 수 있는 지혜를 주소서."

5년 후를 생각하라
(메이어 프리드먼, 마운트시온 의료센터 메이어 프리드먼 연구소 소장)

2차 세계대전 때 내 별명은 '총알'이었다. 나는 걷지 않고 늘 뛰어다녔다. 다른 사람의 말을 가로채기 일쑤였고, 줄을 서서 기다릴 때면 발을 동동 굴렀다. 그리고 늘 동시에 두 가지 일을 했다. 먹으면서 일하고, 전화를 걸면서 책을 읽었다. 정신과에서 말하는 소위 A타입 성격이었다.

그렇게 살다가 나는 심장마비로 쓰러졌다. 살아난 후에도 성격은 바꿀 수 없었다. 다만 행동을 변형시킬 수는 있었다. 이제 나는 어떤 일을 할 때 5년 후를 생각해 보곤 한다. 음악회, 외식, 회의 등에 참석하는 문제로 고민할 때 이렇게 자문한다. '5년 후에도 이 일은 내게 의미 있는 일일까?' 그럴 것이라고 생각되면 그 일을 한다. 그렇지 않다면 그만두어 버린다.

5년 후와 연관 지어 생각해 보면 어떤 일의 중요성을 보다 거시적으로 가늠할 수 있다. 이런 식으로 평가해 보면 당신은 대부분의 약속이 얼마나 사소한 것인가를 알고 놀라게 될 것이다. 중요하지 않은 초대를 거절하기 시작하면 진정으로 중요하게 생각하는 일들에 많은 시간을 쓸 수 있다. 가족과 친구를 위한 일, 꼭 해야 할 일을 할 수 있는 시간이 그만큼 늘어나게 된다. 스트레스를 덜 받는 것이다.

봉사활동을 하라
(에이미 플라워스, 조지아 주 메이컨의 심리학자)

나는 매주 금요일 점심시간이면 90분 동안 근처에 있는 극빈자 급식소에 가서 '음료수 부인'이 된다. 커피, 홍

차, 주스 등을 나보다 더 큰 문제를 갖고 있는 사람들에게 나누어 주는 것이다. 그들은 가난하고 집 없고 또 몸이 성치 못한 사람들이다. 진짜 문제를 가진 사람들과 직접 만나는 것은 스트레스를 없애는 데 큰 효과가 있다. 자원봉사는 또 기분전환이 된다. 많은 사람들이 한동안 무료 급식소에 오다가 다시 자립하곤 한다. 커다란 장애를 극복하고 다시 일어서는 사람들을 보면 나는 기분이 상쾌해지고 힘이 솟는 것을 느낀다. '음료수 부인' 노릇을 2년 반 동안 해오고 있는데 앞으로도 계속할 생각이다.

긍정적으로 생각하라
(데이비드 소벨, 카이저 퍼머넌트 연구소 박사)

삶이 끝없는 문제들의 연속이라고 생각하면 기분이 우울해지고 스트레스와 관련된 병에 걸릴 위험도 높아진다. 그러나 아내와 나는 건강하고 우리는 원만한 결혼생활을 하고 있으며 우리에게는 훌륭한 아들도 있다. 우리뿐 아니라 다른 사람들도 똑같은 문제를 안고 있다는 생각을 하면 문제들에 더 잘 대처할 수 있다. 열대어들이 헤엄치고 있는 수조에 들어간다면, 나는 다른 세계로 들어간다. 그리고 기분이 울적할 때면 내 사무실에 있는 지구본을 이리저리 돌려 본다. 내가 살고 있는 세계는 깨알 같은 점에 불과하다. 캘리포니아도 새끼손가락만 하다. 그 너머에는 광활한 세계가 있다. 닥친 문제가 아무리 심각하다해도 그것은 이 넓은 세계의 미세한 일부에 불과하다.

건강한 수면이
에너지를 회복시킨다

정신력은 어떻게 만들어지고 보충될까? 가장 중요한 공급원은 잠이다. 잠잘 때 정신 에너지가 보충되는 것이다. 잠잘 때 엄청난 일들이 뇌 속에서 일어나는데 이것을 알게 된 것은 수면의학의 발달 덕분이다. 정신 에너지의 보충도 수면 중에 일어나는 신비로운 사건 중 하나다. 이제 잠을 잘 자야 하는 진짜 이유에 대해서 이야기해 보자.

폭염과 열대야가 계속되면 잠 못 이루는 사람들이 많아진다. 마음속에 근심 걱정이 있는 사람도 불면증에 시달린다. 잠은 뇌를 건강하게 해주고 정신력을 공급한다. 또한 우울증을 치유하는 힘도 있다. 나는 정신과 의사로서 우울증 환자들을 많이 치료했다. 족히 수백 명은 더 될 것이다. 대부분의 우울증 환자들은 거의 예외 없이 잠을 못 잤다. 그런데 잠을 잘 자게 되면 눈에 띄게 좋아졌다. 잠을 잘 자게 하는 방법으로 나는 수면제를 투여하거나 수면 위생 교육을 시켰다. 잠은 우울증의 치료약이기도 했다.

우울증이란 살맛을 잃어버리는 병이다. 그런데 정신의학에서 살맛은 크게 네 가지를 말한다. 즉 입맛, 성욕, 성취감, 그리고 잠맛이다. 입맛이 좋은 사람들은 살맛 나는 사람들이라고 할 수 있다. 성욕을 느끼고 오르가슴을 느끼고 있다면 살맛 나게 살고 있다는 말이다. 일할 의욕을 느끼고 일에서 성취감을 느꼈다면 우울증이 아니다. 잠을 맛있게 잤다면 정신적으로 건강한 사람이며 살맛 나게 살고 있다고 할 수 있다. 그런데 우울증에 걸리면 이 인생의 맛, 네 가지를 모두 잃어버린다. 특히 잠맛을 빼앗기는 것이 문제다.

우울증 환자들이 보이는 특징 중 하나는 일찍 깬다(Early Morning Awakening)는 것이다. 우울증에 빠지면 얕은 잠을 자고 한밤중에 깬다. 보통 새벽 2시경에 깨서 밤을 새운다. 그리고는 그 시간에 지독한 자기 비난의 소리를 듣는다. '너는 패배자야, 등신 같은 인간', '너 때문에 집안이 망했어', '창피한 줄 알아라', '이제 절망이다. 다 끝났다….' 환자들은 이 비난의 소리가 마치 고문을 당하는 것처럼 괴롭다고 호소한다. 하루 이틀도 아니고 밤마다 깨어서 적막한 시간에 자기 비난의 소리를 듣는다고 생각해 보라. 얼마나 무섭고 고통스럽겠는가. 이런 밤이 두세 달계속되면 오로지 한 가지 소원만 남는다. '이 지독한 자기 비난의 소리에서 벗어날 수만 있다면 무슨 짓이든 다 하겠다.' 그 방법 중 하나가 자살이다. 목을 매달든지 베란다에서 뛰어내려 버리든지. 그래서 자살은 새벽 2시에서 5시 사이에 가장 많이 일어난다. 내가 알기로 자살하는 사람들은 의지가 약해서 자살하는 것이 아니다. 이렇게 고문당하듯 시달리면 누구도 이 고통을 이겨 낼 수가 없다.

이런 상태가 오기 전에 마음 관리를 해야 한다. 우울하고 슬플 때 너무 자존심 세우지 말고 주변 사람들에게 "나 우울해요. 좀 같이 있어 주세요"라고 말해야 한다. 마음의 고통을 덜어 내야 한다. '도와주세요. 힘들어요' 하는 마음의 소리에 귀를 기울여야 한다. 자기를 구박하지 말고 위로해 주며 예뻐해 줘야 한다. 평소 자신에게 상도 주어야 한다. "누구야 수고했어. 오늘은 네가 좋아하는 양식을 사줄게, 상이야." 우울증을 예방하기 위해서 이렇게 사는 게 좋다. 우울증이 찾아오면 잠을 많이 자는 것도 치유법 중 하나다. 이제 본격적으로 잠 이야기를 해보자.

잠을 잘 자야 하는 진짜 이유

잠은 뇌를 건강하게 한다. 수면 중에 육체는 휴식을 취한다. 그러나 뇌에게 수면 시간은 단순한 휴식 시간이 아니다. 두뇌 활동에 필요한 물질들을 합성, 저장하는 시간이다. 뇌 효율을 극대화하기 위해 준비하는 시간이다. 정신에너지를 생산하는 시간이기도 하다. 수면 중에 깊은 잠을 서파수면(slow-wave sleep)이라고 한다. 아주 느린 뇌파를 보이기 때문이다.

이 서파수면을 자야 다음 날 아침에 잠을 잔 것 같은 기분이 든다. 서파수면은 잠들고 1시간 후에 나타난다. 그리고 잠든 후 3시간째에 다시 나타난다. 잠든 후 4시간째에 덜 깊은 서파수면이 나타나고 그 후 깰 때까지 나타나지 않는다. 즉 잠든 후 3시간 내에 깊은 잠을 거의 잔다는 것이다. 깊은 잠에 대한 뇌의 요구가 그만큼 높다는 말이다.

그런데 서파수면 중에 정신 에너지가 생성된다. 깊은

잠을 잘 때, 즉 서파수면 중에 성장 호르몬이 분비되는데 이 호르몬이 정신 에너지를 만든다. 가령 어려운 수학 문제를 풀다가 도저히 풀리지 않아서 그냥 자 버렸는데 자고 일어나서 아침에 풀면 문제가 스르르 풀린다. 정신 에너지 덕분이다. 억울한 일을 당하고 화가 났을 때 한숨 자고 나면 마음이 한결 편해지는 것을 느꼈을 것이다. 정신 에너지가 회복되었기 때문이다.

우울증은 이 깊은 잠을 빼앗아 감으로써 상황을 더 악화시킨다. 그래서 나는 우울증을 치료할 때 우선 환자들을 재운다. 다음에 소개할 '잠을 잘 자게 하는 법'(수면 위생)도 가르쳐 주고 수면제도 사용한다. 동시에 우울증을 일으킨 스트레스나 성격인자들을 분석한다. 잘 자고 나면 환자들은 힘을 낸다. 치료도 순조롭게 진행된다.

또 잠은 기억력을 돕는다. 낮 동안 입력한 정보들을 파일별로 분류하여 버릴 것은 버리고 필요한 것은 장기기억으로 저장하는 작업이 수면 중에 일어난다. 이 작업은 특히 꿈꾸는 잠(REM sleep)을 자는 동안에 일어난다. 학생들의 경우, 공부한 것이 장기기억으로 남아야 시험 볼 때 써먹을 수가 있다. 그래서 충분한 수면은 학생들에게도 중요하다. 잠은 기억력을 좋게 한다.《머리가 좋아지는 수면》(신홍범 저)이라는 책도 있다.

또한 잠을 잘 자면 면역 기능이 강화된다. 반대로 잠을 못 자면 면역 기능이 약화되어 저항력이 떨어진다. 쥐에게 세균을 주사하고 잠을 못 자게 했다. 며칠 가지 못해 쥐는 패혈증으로 죽었다. 반면에 잘 잔 쥐는 아무 이상이 없었다. 면역 기능이 약해지면 암도 잘 걸린다. 야간 근무자들에게서 유방암이 많이 발생했다는 보고도 있다. 암을 예방하기 위해서, 정신력의 재충전을 위해서, 그리고 뇌를 효율적으로 사용하기 위해서 잠을 충분히 자야 한다.

꿈꾸는 잠(REM 수면)에 대하여

수면의학이 발달하기 전에 잠이란 '잤다'와 '깼다'의 두 단계만 있는 줄 알았다. 그러나 잠은 다섯 단계가 있다. 옆 페이지 〈그림〉의 1, 2단계는 얕은 잠이다. 비교적 빠른 뇌파가 나온다. 다음은 3, 4단계의 깊은 잠이다. 아주 느린 뇌파가 나온다. 서파수면이다. 깨어 있을 때 이런 뇌파가 나오면 간질이나 뇌암이 의심되는 경우다.

다음 수면 단계는 꿈꾸는 잠(REM sleep), 꿈잠이다. 자면서 눈동자가 빠르게 움직이기 때문에 붙여진 이름이다. REM을 풀어 쓰면 'Rapid Eye Movement sleep'이다. 이때 꿈을 꾼다. 뇌파가 갑자기 빨라져서 마치 깨어 있는 사람의 뇌파 같다. 1단계부터 꿈잠까지가 한 사이클이다. 90분마다 반복된다. 잠든 후 4시간이 지나면 깊은 잠은 나타나지 않고 얕은 잠과 꿈잠만 반복한다.

특이하게 고양이나 개 같은 포유류도 꿈잠을 잔다. 무슨 꿈을 꾸는지는 알 수 없다. 개구리는 꿈잠이 없다. 그리고 아이들은 잠자는 시간의 절반을 꿈잠으로 보낸다. 뇌의 발달에 그만큼 필요한 잠이다. 어른이 되면 꿈잠은

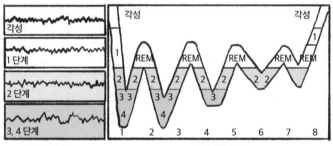

뇌 활동 (B)   수면시간 (C)

왼쪽의 뇌 활동은 각성 시와 수면 시의 뇌파다. 1단계와 2단계 수면은 얕은 잠이다. 3단계, 4단계 수면은 깊은 잠이다. 뇌파가 아주 느려졌다. 초당 13개 이상 나오던 뇌파가 2개 이하로 느려진다. 서파수면이라 한다. 오른쪽 그림은 수면의 단계를 보여준다. REM은 꿈꾸는 잠이다. 잠든 뒤 90분 만에 제1번 꿈이 나타난다. 이렇게 90분마다 한 사이클을 돈다. 제5번 꿈을 꾸다가 깬다. 그래서 사람들이 기억하는 꿈은 대개 제5번 꿈이다. 새벽녘에 꾼 꿈을 기억하는 경우가 많다.

전체 수면 시간의 20%를 차지한다. 1시간 반 정도 꿈잠을 자는 셈이다. 수면 사이클이 90분마다 반복하기 때문에 8시간을 잔다면 5회의 사이클을 돌고 꿈도 다섯 번 꾼다. 밤마다 25분짜리 드라마 다섯 편을 보는 셈이다. 각본, 제작, 감독, 주연이 모두 자기 자신이다. 이런 점에서 보면 인간은 모두 천재적인 예술가다. 흥미로운 사실은 꿈이 정신병을 예방한다는 것이다.

꿈을 꾸지 못하게 하는 '꿈 박탈 실험'을 했다. 꿈잠의 뇌파가 나올 때마다 깨운 것이다. 피험자는 평소와 다름 없이 8시간을 잤지만 꿈은 꿀 수 없었다. 그러자 피험자가 불안해하며 안절부절못하더니 8일째 되는 날 환각이 나타나기 시작했다. 소위 헛것이 보이는 것이다. 정신분열 증상이 나타났다. 그러나 잠을 푹 자고 꿈을 많이 꾼 다음 이런 증상이 깨끗이 사라졌다.

잠은 얼마나 자야 할까?

개인마다 수면 요구량이 다르다. 나폴레옹은 4시간을 잤고, 에디슨은 3시간, 아인슈타인은 10시간을 잤다고 한다.

체질적으로 잠이 많은 사람이 있고 적은 사람이 있다. 자신의 수면량을 알고 거기에 맞춰 자는 게 좋다. 어릴 때부터 하루 4시간 자는 사람이 어느 날 남들이 8시간 잔다는 사실을 알고 불면증이라고 고민하는 것을 보았다. 그럴 필요가 없다. 4시간 자고도 생활에 지장이 없다면 4시간은 그의 충분한 수면량인 것이다.

그러나 평균적으로 인간은 성인의 경우 7시간 반에서 8시간을 자야 한다. 실험을 통해 알아낸 수치다. 해가 지지 않는 남극에 지원자들을 데리고 가서 마음껏 자게 했다. 처음에는 10시간 이상을 잤지만 차츰 수면 시간이 줄어들었다. 평균 7.5시간에서 8시간에 멈췄다. 그래서 이것이 인간의 평균 하루 수면 시간이 된 것이다. 자기에게 맞는 수면 시간을 자야 뇌의 효율성이 올라간다.

우리나라 사람들 특히 대도시의 사람들은 만성적 수면 부족 상태에 있다. 파리 시민이나 런던 시민들이 7시간 반을 자는 데 비하여 서울 시민은 6시간을 잔다고 한다. 지하철에서 침 흘리며 심하게 조는 사람들을 흔히 볼 수 있다. 만성적 수면 부족일 때 사람들은 잘 존다. 운전하다 졸고, 예배 중에, 강의 중에, 심지어 대화 중에도 존다. 수면이 부족하면 건망증도 심하고 주의집중이 떨어진다. 만

성적인 두통도 온다. 잠을 자고 싶은 욕구 때문에 다른 일이 손에 잡히지 않는 것이다. 자신의 적당한 수면양을 알고 그 시간을 자 줘야 컨디션이 좋아진다.

그런데 일반적으로 가장 만만하게 희생시키는 시간이 수면 시간이다. 그러나 '수면은 황제'라는 말이 있다. 황제는 손해 보는 법이 없다. 수면은 자기 몫을 절대로 빼앗기지 않고 찾아 먹는다는 말이다. 6시간밖에 자지 못했다면 잠이라는 황제는 두 시간을 낮 동안에 기어이 찾아간다. 운전할 때, 사무 볼 때 혹은 걸을 때라도 황제는 기회가 닿으면 자기 몫을 찾아간다. 그것은 졸음으로 나타난다. 어떤 교수는 일어나서 발표할 때를 제외하고는 늘 존다고 했다. 알고 보니 코를 너무 고느라고 깊은 수면을 취하지 못하기 때문이었다. 만성 수면 부족이었다.

잠을 잘 자려면
어떻게 해야 하나?

우선 침실이 어두워야 깊은 잠을 잘 수 있다
인간은 야행성 동물과 달리 낮에 활동하고 밤에 자게

되어 있다. 그래서 인간의 뇌는 침실이 어두워야 밤인 줄 알고 안심하고 잠으로 빠져든다. 잠자기 전 침실의 불을 모두 끄고 방 안의 조명 상태를 체크해 보라. 가로등 불빛이 스며들 수도 있고 다른 빛으로 침실이 밝을 수가 있다. 커튼을 치든지 눈가리개라도 해서 빛을 차단하면 확실히 잠이 깊어진다. 낮잠을 잘 때 실험적으로 눈가리개를 해 보면 수면의 질적 차이를 느낄 수 있다.

방 안 온도가 적당해야 깊은 잠을 잔다

몸이 추우면 뇌는 경고 신호를 보낸다. '빨리 조치해, 얼어 죽을 수도 있어!' 이불을 덮느라고 잠을 깬다. 더워도 뇌는 비상사태를 선포한다. 잠들었을 때도 뇌, 특히 비의식은 깨어 있어서 몸을 안전하게 지켜 준다. 잠결에 춥거나 더워서 여러 번 깨면 수면이 그만큼 손해 보는 것이다. 수면의 질이 떨어진다. 아침에 자고 일어나도 잘 잤다는 기분이 들지 않는다.

그래서 잠옷을 꼭 입고 잘 것을 권한다. 옷을 벗고 자면 주변 온도의 변화에 민감해지기 때문이다. 부부간에 온도 차이가 날 때도 있다. 추위를 유난히 잘 타는 남편과 더운 것을 못 견디는 부인이 한방을 쓸 때 지혜를 모아야 한다.

이불을 따로 쓰는 것도 방법이다. 남편은 두꺼운 이불을, 부인은 얇은 홑겹 이불을….

베개의 높이가 높으면 수면의 질이 떨어진다

목이 꺾이면서 기도가 좁아지기 때문이다. 코도 많이 골고 산소의 흡입량도 줄어든다. 옛말에 고침단명(高枕短命)이라는 말이 있다. '베개를 높이 베고 자면 수명이 짧아진다'는 말이다. 진리이다. 수면의학이 발달하기도 전에 옛 어른들은 어떻게 이런 사실을 알았을까? 베개의 높이는 6~8cm가 적당하다. 높은 베개가 습관이 되었다면 불편하더라도 낮은 베개에 익숙해지도록 노력해야 한다.

낮에 20~30분 햇볕을 쬐면 수면의 질이 좋아진다

멜라토닌(melatonin) 때문이다. 이 호르몬은 잠잘 때 필요한 것으로서, 밤에 분비되기 때문에 '밤의 호르몬'이라는 별명을 갖고 있다. 그런데 하루 종일 실내에서 근무하는 사람들은 햇빛을 보지 못해 뇌가 낮을 밤으로 알고 멜라토닌을 분비해 버린다. 따라서 밤에 쓸 호르몬이 부족하다. 수면의 질이 떨어질 수밖에 없다. 시중에 멜라토닌을 캡슐에 넣어서 식품으로 파는 상품도 나와 있다. 그러나 부작용도 있다.

가장 좋은 방법은 낮에 햇볕을 쬐어 주는 것이다. 햇빛이 눈을 통해 뇌에 전달되면 뇌는 멜라토닌 샘의 입구를 막아 버린다. 저장되었던 멜라토닌을 저녁에 잘 때 부어 주기 때문에 깊은 잠을 잘 수 있다. 점심식사 후에 20~30분 산책하는 것이 좋은 수면에 도움이 된다.

일정한 시간에 잠자리에 들어야 깊은 잠을 잘 수 있다

수면은 24시간을 주기로 리듬을 탄다. 초저녁잠이 많은 사람은 일찍 잠자리에 들어야 한다. 그 시간을 놓치면 잠이 안 올 수도 있다. 수면 리듬이 지나가기 때문이다. 배고프고 시장기를 심하게 느끼다가 시간이 지나면 시장기가 사라지는 것을 경험했을 것이다. 같은 이유다. 수면 리듬에는 '종달새형'과 '올빼미형'이 있다. 일찍 잠들고 새벽에 일찍 일어나는 형이 종달새형이다. 새 나라의 어린이형이다. 반대로 늦게 자고 늦게 일어나는 타입을 올빼미형이라 한다.

나는 종달새형이다. 9시 뉴스를 보면서부터 졸리기 시작한다. 그러나 새벽 5시면 일어나 책을 본다. 급한 일 때문에 새벽 2시에 잠자리에 들어도 정확하게 5시만 되면 눈이 떠진다. 체내 시계(biological clock)가 깰 시간을 기억하고 있기 때문이다. 체내 시계가 지시하는 대로 자고 깰 때 잠의 질이 좋아진다. 반대로 잠자리에 들고 깨는 시간이 불규칙하면 체내 시계가 혼란을 일으킨다. 불면증이 오고 잠을 자도 깊은 잠을 못 이룬다. 수면 리듬을 규칙적으로 타야 잠을 잘 잘 수 있다.

자기 암시도 필요하다

'이렇게 마음 놓고 잘 수 있어서 정말 좋다'고 자신에게 말해 준다. 복잡한 일이 마음을 잡고 있으면 잠을 이룰 수가 없다. 마음이 편해야 잠 속으로 들어갈 수 있다. 이럴 때는 〈바람과 함께 사라지다〉의 주인공 스칼렛처럼 '일단 자고 보자. 복잡한 일은 내일 생각하기로 하자. 내일은 내일의 해가 떠오를 테니까…'라고 말해 준다.

잠자리를 바꾸면 못 자는 사람들도 있다

이렇게까지 민감하지 않더라도 잠자리를 바꾸면 자기도 모르게 영향을 받는 것이 사실이다. 되도록 잠자리를 바꾸지 않는 것이 좋다.

밤에 잘 자려면 낮에 활동하라

잠은 열심히, 의욕적으로 일한 사람들에게 주어지는 선물이다. 밤에 약간 피곤할 정도로 낮에 몸을 움직여 줘야 잠이 잘 온다.

낮잠을 자지 말 것

15분 정도는 괜찮다고도 하지만 수면의 질을 높이기 위해서 낮잠은 피하는 게 좋다. 그러나 수면 리듬이 낮에 한숨을 자게 돼 있는 사람들도 있다. 규칙적으로 자는 낮잠이라면 좋다.

잠을 잘 자기 위해서 피해야 할 것들이 있다

카페인 음료, 즉 커피, 녹차, 홍차, 콜라를 피해야 한다. 카페인이 뇌를 흥분시키기 때문이다. 피로회복제나 두통약에도 카페인이 30~50mg 들어 있는 것이 있다. 자주 문제가 되는 것은 역시 커피다. 어떤 사람은 "나는 커피 먹어도 잠 잘 잡니다. 아무 문제 없어요" 한다. 그러나 수면 뇌파를 찍어 보면 수면의 질이 형편없이 떨어져 있는 것을 확인할 수 있다. 깊은 잠에 들어가지 못하고 얕은 잠에서 배회하다가 깨어나는 것이다. 평소처럼 8시간을 잤기 때문에 잘 잤다고 생각할 뿐이다.

커피 전문점들이 성업 중이다. 나는 커피 애호가들의 수면을 걱정한다. 디카페인 커피를 마시든지 아니면 카페인의 작용 시간을 염두에 두고 마시는 시간을 조절하기 바란다. 카페인의 작용 시간은 10시간이다. 오후 2시에 커피를 마시면 밤 12시까지 카페인 효과가 뇌를 자극할 수 있다. 따라서 커피나 녹차는 오전에 마시는 게 좋다.

술도 수면을 방해한다

술을 마시면 잠들기가 쉽다. 그러나 술은 수면 리듬을 깨 놓기 때문에 수면의 질을 떨어뜨린다. 술 마시고 자고 나면 잔 것 같지 않은 이유가 여기에 있다.

섹스와 반신욕은 수면에 도움이 된다

섹스는 특히 남성의 수면에 도움이 된다. 남성의 오르 가슴 때 뇌에서 나오는 프로락틴이란 호르몬이 뇌를 각성 시키는 호르몬인 도파민을 파괴하기 때문에 섹스 후 남자들은 잠에 곯아떨어진다. 반신욕도 도움이 된다. 몸 속 온도를 높여 주기 때문이다.

수면에 도움이 되는 음식이 있다

우유에 시리얼을 타 먹으면 수면에 좋다. 치즈나 바나나도 좋다. 이런 음식에는 트리프토판이라는 물질이 많기 때문이다. 이 물질은 수면에 필요한 호르몬인 세로토닌의 원료가 된다.

어떤 사람은 "죽으면 원 없이 잘 텐데 무슨 잠 욕심을 낼 필요가 있느냐"고 말한다. 수면에 대해서 잘 모르고 하는 천만의 말씀이다. 수면의학이 발달하기 이전에는 그럴 듯한 말이었을지 모르지만 수면은 마음의 밥이다. 수면은 정신 에너지를 공급하고 건강한 마음을 유지시키는 하나님의 선물이다. 따라서 잠 욕심을 내야 한다. 잠시간을 희생시키면서까지 어떤 일을 하고 있다면 효율적인 인생을 살지 못하는 것이다.

지금까지 정신 에너지를 공급해 주는 잠에 대해서 살펴보았다. 잠이 정신 에너지의 육체적인 공급처라고 한다면 정신적인 공급처도 있다. 바로 인정받기(recognition)다. 칭찬받고 인정받을 때 마음에서 힘이 솟는 것이다.

인정받고 칭찬을 들을 때
에너지를 얻는다

정신 에너지를 공급받기 위해서는 인정을 받아야 한다. 사람은 인정받을 때 기가 살고 힘이 난다. 칭찬 들었을 때 어떤 기분이었는지를 떠올리면 쉽게 이해할 수 있을 것이다. 아내들은 남편이 자기가 만든 음식을 맛있게, 땀을 닦아 가면서까지 맛있게 먹으면 기쁘고 힘이 난다. 남편들도 자기의 수고를 아내가 알아줄 때 고생스럽던 기억은 사라지고 의욕이 살아난다.

내 아내는 기계 만지는 것을 싫어한다. 기계에 관한 한 '기계치'에 가깝다. TV를 볼 때도, 컴퓨터를 통해서 영화를 보다가 일반 케이블 채널로 전환시켜야 할 때도 어쩔 줄을 모른다. 간단한 조작이지만 배우려 하지 않는다. 아내는 기계가 너무 영리한 것도 짜증이 나고 기계가 말썽을 부리면 더욱 화가 난다고 한다. 너그러운 아내가 기계에 대해서는 매우 비판적이다. 예술가들 중에 그런 분들이 많다고 들었다.

이런 아내가 나는 싫지 않다. '기계치'인 아내에게 나는 아주 유능한 기계 전문가이기 때문이다. 아내가 "여보, 이게 잘 안 돼요" 할 때마다 나는 아내의 불편을 시원하게 해결해 준다. 아내는 "와~ 당신 대단해요" 하며 존경과 감탄의 시선으로 나를 본다. 만족해하는 아내를 보면서 나는 '쓸모 있는 남자'가 된 것 같아 기분이 아주 좋아진다.

내게는 일곱 살짜리 외손자가 있다. 그 애가 유치원에 다닐 때 일이다. 파출부 할머니가 "너 그러면 사람들이 바보라고 놀려"라고 경고하자, 아이는 당당하게 "할머니, 그런 말씀 마세요. 나는 바보가 될 수 없어요. 왜냐하면 우리 외할아버지가 이무석 박사님이시니까요"라고 항변했다는 것이다. 유치원생의 말이지만 그 말을 듣고 나는 기분이 아주 좋았다. 어린 외손자지만 아이에게 인정받은 것이 뿌듯했고 힘이 났다.

젊을 때 나는 나이 들면 인정받을 필요가 없을 줄 알았다. 인정받지 않아도 스스로의 가치를 인정하기 때문에

타인의 평가에 연연하지 않을 줄 알았다. 그러나 60대 후반이 되었어도 나는 어린 손자에게 인정받고 기뻤다. 인정 욕구는 나이와 상관없는 것 같다. 법정 스님의 말씀 중 인상적인 것이 있다. "성욕이나 명예욕 같은 욕구는 극복할 수 있었다. 그러나 극복하기 참으로 어려운 욕구가 있었는데 그것은 인정받고 싶은 욕구였다." 홀로 세속을 떠나 산속 절간에서 외롭게 사시면서도 인정 욕구와 싸우셨던 것이다.

하루 세 가지씩
감사한 일들을 써 보라

사람은 인정받을 때 힘이 난다. 그러나 반대로 비난을 받을 때는 무기력에 빠진다. 어느 청년은 착하고 모범적이었지만 대인 공포증이 심하고 늘 불안해하며 무기력해 있었다. 유년기에 얼음처럼 차가운 아버지와 살던 것이 이런 성격을 만든 것 같았다. 이 청년에 대해서는 책을 써도 한 권은 될 만큼 많은 이야기들이 있지만 인상적인 것 한 가지만 소개하겠다.

초등학생 때 친구와 치고받으며 격렬하게 싸웠다. 아버지의 사무실 창문 앞 도로였다. 싸우면서도 아버지가 창문을 통해서 자기를 보고 있을 것이라고 생각해서 이기는 모습을 자랑스럽게 보여 드리기 위해 덩치 큰 친구를 쓰러뜨리고 위에 올라타 마구 가격했다. '아버지가 이 모습을 보고 계신다' 하며 의기양양했다.

그때 아버지의 사무실 창문이 드르륵 열렸다. 그리고 고함 소리가 들렸다. "야, 이 병신 같은 자식, 웬 싸움질이야." 아버지의 의외의 반응이 너무나 억울했다. 온몸에 기운이 빠져나가는 듯했다. 울면서 "아버지, 제가 이기고 있잖아요" 하고 항변했다. 그리고 그날 이후 오늘까지 누구하고도 싸울 수가 없었다고 했다. 기죽고, 져 주고, 양보하다 보니 무기력한 사람이 되어 버렸다.

물론 싸움을 격려하라는 말은 아니다. '어린 아들의 심정을 이해해 주는 공감적인 아버지였더라면 얼마나 좋았을까' 해서 하는 말이다. 좋은 점을 찾아서 인정해 주고 격려해 주는 부모가 좋은 부모다. 학생들의 장점을 찾아서 상을 주는 교육도 좋은 교육이다. 인간은 누구나 건강한 부분과 병적인 부분이 있다. 비율의 차이가 있을 뿐이다.

나는 환자를 치료할 때 건강한 부분을 확장시키는 쪽으로 이끌려고 한다. 우울증 환자들의 경우, 인생에서 절망적인 것보다 감사할 일들로 시선을 돌리게 한다. '하루 세 가지씩 감사한 일들을 써 보라'고 숙제도 내 준다. 우울증 환자에게는 어려운 숙제다. 그들에게 인생은 절망적인 것이기 때문이다. 그러나 숙제를 하기 위해서 감사의 조건을 찾다 보면 작은 촛불이 켜지듯 밝은 부분들이 보이기 시작한다. 우울증 환자가 아침 산책을 시작하면 나는 계속하도록 격려한다. 이렇게 매일 30분 정도만 산책해도 우울증은 몰라보게 좋아진다. 사소한 것이라도 조금씩 건강한 부분을 확장시켜 나가면 병적인 부분이 줄어들게 되어 있다.

스스로에게
'근사한' 상을 주자

사실 세상에서 인정받을 기회는 많지 않다. 인정해 주는 사람들보다 비난하고 깎아내리는 사람들이 더 많은 게 현실이다. 직장 상사는 능력 없다고 비난하고, 시어머니는 며느리에게 자기 아들을 독점한다고 눈을 흘기고, 교수는 학생들에게 공부 못한다고 꾸중한다. 남편은 아내의 흐트러진 몸매 가지고 시비를 걸고, 애들은 맛있는 반찬이 없다고 투정 부린다. 남편은 무슨 생활비를 그렇게 많이 쓰느냐고 몰아붙이고, 잘나가는 동창들을 보면 기가 죽고, 학벌도 인물도 집안도 뭐 하나 내세울 게 없는 자신이 한심하고 원망스럽다.

이런 경쟁과 비난의 사회에서 살아남기 위해서 우리는 마음을 잘 관리해야 한다. 자신에게 남몰래 '괜찮아' 이런 말을 많이 해줘야 한다. '눈에 쌍꺼풀이 없어도 괜찮아,

그래도 네 남편은 너밖에 모르잖아', '학벌이 고졸이어도 괜찮아. 그래도 넌 공무원이 됐잖아. 요즘 공무원 되기가 얼마나 어려운데', '집안이 가난했어도 괜찮아. 그래도 넌 인간미가 있고 친구들에게 인기도 좋잖아.' 이렇게 자신을 스스로 인정해 주어야 힘든 세상을 이겨 나갈 힘을 얻을 수 있다.

때로는 자신에게 상을 줄 필요도 있다. 자기가 생각해도 자신이 수고했다 싶을 때 상을 주는 것이다. 어려운 작업을 끝냈을 때 '수고했어. 오늘은 너에게 상을 줘야겠다' 하면서 맛있는 커피를 상으로 준다거나 아무한테도 방해받지 않는 자기만의 시간을 상으로 줄 수도 있다. 백화점으로 쇼핑을 갈 수도 있다. 평소에 가장 하고 싶던 일을 할 수도 있다. 자기 수고를 인정해 주는 것이다.

스스로에게 주는 상은 남다른 의미가 있다. 은밀하고 적절한 타이밍을 맞출 수 있고, 상의 가치도 적당한 걸 고를 수 있어서 좋다. 상을 받으면 마음은 위로를 받고 힘을 회복한다. 자학적이고 자신을 혹사시키는 사람들일수록 자기에게 상을 자주 그리고 많이 줘야 한다. 그래야 정신에너지가 회복되고 인생을 효율적으로 살 수 있다.

자기 비난의 소리를
조심하자

마음속에는 자기 비난(self critique)의 기능이 있다. 욕하고 책망하고 무시하는 소리다. 예컨대 실연당한 처녀가 풀이 죽어 있을 때 들리는 자기 비난의 소리는 이렇다.

'내가 그럴 줄 알았다. 진즉부터 네가 버림받을 줄 알았어. 넌 매력이 없는 애잖아. 남친이 오래 참아 줬다. 사실 네가 뭐 하나 제대로 된 게 있니. 학벌이 좋니, 얼굴이 예쁘니, 날씬하기를 하니? 누가 너 같은 애를 좋아하겠니? 그렇다고 집안이라도 좋아? 아빠도 백수, 오빠도 백수…. 네가 버림받았다는 소문이 파다해. 알 사람은 다 안다고. 외출할 때도 해가 지거든 해. 버림받은 주제에 대낮에 어떻게 나돌아 다니겠니.'

앞에서도 말했지만 자기 비난의 소리는 유년기의 부모 교육과 관계있다. 유년기에 받은 엄하고 처벌적인 교육은 아이의 마음 깊은 곳에 자기 비난의 소리로 남아 있다. 그래서 성인들의 자기 비난의 소리를 분석해 보면 대부분 유년기에 듣던 아버지나 어머니의 말씀이다. 단어까지 부모님이 쓰던 단어와 같다. 자기 비난의 소리가 문제가 되는 것은 그 소리가 내 마음속에서 나온 소리이기 때문이다.

만일 누군가가 이런 비난의 소리를 가지고 비난한다면 우리는 논리적인 근거를 가지고 반박할 수 있다. 그런데 이 비난의 소리가 내 소리이기 때문에 저항도 못한다. 어떤 일이 생겼을 때 마음에서 비난의 소리가 크게 울릴 때는 그것이 현실적이고 합리적인 소리인가 아니면 비합리적인 유년기 부모의 말씀인가를 따져 봐야 한다. 마음의 비난의 소리를 제압하지 못하면 정신 에너지를 유지할 수 없다.

오뚝이 인생을 만드는
자기 위로 기능

인간의 정신 기능에는 자기 비난의 기능도 있지만 자기 위로의 기능도 있다. 정신분석가 코허트 박사는 이 기능이 정신 건강을 유지하는 데 필수적이라고 했다. 예컨대 직장인이 어느 날 실직을 당해 두문불출 방에 처박혀 살고 있다. 절망감으로 앞이 깜깜하고 자신이 너무 초라해서 친구들이나 가족들을 만나는 것조차 싫었다. 하루 종일 인터넷만 상대하며 지냈다.

그러던 어느 날 컴퓨터 화면에 태어날 때부터 사지가 없이 태어난 청년이 나타났다. 밝게 웃는 모습이 그렇게 행복해 보일 수가 없었다. 그때 마음속에서 갑자기 '저 사람에 비하면 너는 얼마나 행복하니? 사지 멀쩡하지, 사랑하는 아내도 있지, 네가 그동안 쌓은 인맥과 경력도 만만치 않아. 그리고 또 네 영어 실력은 토플 점수가 말해 주고 있고, 네 스펙도 그만하면 빠지지 않아. 실직했지만 괜찮아. 자, 일어나자. 힘을 내자. 나이도 젊은데 이렇게 낭비할 시간이 어디 있니. 이럴 때 툭툭 털고 일어서는 것이 네 특기잖아!' 이런 위로의 소리가 들렸다. 자기 위로의 음성이었다. 자기 위로의 기능 덕분에 그는 실직의 고통을 털고 일어날 수 있었다.

갓난아기가 울 때 엄마는 아기를 안고 등을 다독거려 준다. 아기는 울음을 그치고 곤한 잠에 빠진다. 엄마의 위로 기능이다. 대학 입시에 떨어져 낙심한 아들에게 엄마는 애써 밝은 표정을 짓는다. 아들도 엄마의 마음을 안다. 아들은 엄마의 표정에서 위로를 읽는다. 실연당한 딸 앞에서 아빠는 고함치며 화를 낸다. "우리 딸을 이렇게 괴롭히다니. 이런 나쁜 놈이 있나. 내가 그놈을 늘씬 패 주고 와야겠다." 딸은 아버지의 분노를 보며 위로를 받는다.

이런 위로들이 저축이 되어서 자기 위로 기능이 된다. 장성한 뒤에 인생의 어려운 문제에 부딪혀 위로가 필요할 때 자기 위로 기능이 힘을 발휘한다. 이제는 찾아가서 위로받을 엄마도 없고 아빠는 노쇠하여 힘이 없을 때 마음 속의 위로 기능이 엄마, 아빠의 역할을 대신한다. 그런데 이 위로 기능의 강도는 사람마다 다르다. 위로 기능이 강한 사람이 있고 약한 사람이 있는 것이다.

위로 기능이 강한 사람은 인생의 어려움에 부딪혔을 때 절망하지 않는다. 잠시 슬픔에 빠지지만 오뚝이처럼 탄력성 있게 뛰어 일어난다. 이들은 어려울 때마다 부모의 따뜻한 위로를 충분히 받은 사람들이다. 강한 자기 위로 기능을 가진 사람은 남도 잘 위로한다. 슬픔에 빠진 사람도 이런 사람을 만나면 위로받고 힘을 얻는다.

"괜찮아! 괜찮아! 괜찮아!"

나는 2002년 월드컵을 보다가 울컥 감동의 눈물을 흘렸다. 당시 한국 축구팀은 예상을 깨고 승승장구하고 있었다. 히딩크 감독의 용병술은 장안의 화제였다. 그러나 역시 유럽 팀들은 강했다. "대~한민국!" 우리 선수들을 응원하는 국민들은 마치 턱걸이하는 소년들 같았다. "16강…! 그래 한 골만 더 넣어라. 그러면 8강…!" 그러던 어느 날 게임 중에 한국 팀이 페널티킥을 얻었다. 절호의 찬스였다.

경기장의 수만 관중은 기대에 차서 숨죽여 키커의 발에 집중했다. 그 순간 마치 온 나라가 숨을 죽이고 있는 것 같았다. 키커는 온 국민의 기대라는 엄청난 무게를 온몸으로 느꼈을 것이다. 심판의 호루라기 소리가 나고 잠시 침묵이 흘렀다. 그리고 볼이 키커의 발을 떠났다. 아, 그런데 이게 웬일인가! 볼은 골문을 벗어나 엉뚱한 데로 날아가 버렸다.

"아~!" 아픈 탄성이 관중들에게서 터져 나왔다. 키커는 머리를 감싸고 주저앉아 버렸다. '이런 실수를 하다니.' 클로즈업 된 그의 눈에서 죄책감과 절망감을 읽을 수 있었다. 잠시 동안 수만 명의 관중들은 침묵했다. 타다 만 재에 물을 뿌린 듯 고요가 흘렀다. 실망과 낭패, 비극의 순간이었다. 그런데 관중들이 외치기 시작했다. "괜찮아!

괜찮아! 괜찮아~!" 처음에는 작은 소리로, 그리고는 점점 더 큰 소리로 또박또박 한 글자씩 '괜찮아'를 외쳤다.

나는 그 순간 알 수 없는 감동의 전율을 온몸으로 느꼈다. 그리고 울컥 울고 말았다. 부끄러워서 얼른 눈물을 감췄지만 그 순간을 잊을 수가 없다. 그 후 나는 '왜 감동한 거지?' 하고 내 마음을 분석해 보았다. 먼저 떠오른 것은 실수하고 절망감에 빠진 선수를 위로하는 관중이었다. 우리 민족의 인정스러움을 확인할 수 있었다. 수만 명의 관중이 어떻게 약속이라도 한 듯 그렇게 '괜찮아'를 동시에 외칠 수 있었을까? 민족적인 합의 없이는 불가능한 현상이었다. 당시에 나도 위로가 필요했다. 개인적인 위로가 필요했던 내 마음 깊은 곳을 관중이 건드렸었다.

후일담이지만 작년 월드컵에서도 비슷한 일이 있었다. 어떤 나라의 선수가 페널티킥에서 실수하자 그 나라 매스컴의 반응은 싸늘했다. 예컨대 '수고했다. 그러나 돌아오지는 마라' 식이었다. 우리나라 관중의 반응과는 너무나 달랐다.

우리도 살면서 그날 페널티킥을 맡았던 키커처럼 실수하고 절망할 때가 있다. 너무나 못나고 무능해 보여서 자신이 실망스럽고 싫어질 때도 있다. 그럴 때 자신을 너무 구박하고 비난해서는 안 된다. 자신을 쓰다듬으며 이렇게 말해 보자. '괜찮아, 완벽할 수 없는 것이 인생이야', '괜찮아, 좀 못났어도, 학벌이 부족해도 괜찮아.' 이렇게 자기 위로 기능을 활용하자.

때로 인생이 꼬일 때라도 자기 위로 기능을 활용해야 한다. 이것이 마음을 관리하는 방법이다. 종교적 신앙은 자기 위로 기능에 힘을 실어 준다. 예컨대 크리스천들은 마음속에 하나님의 위로의 음성을 가지고 있다. '걱정하지 마라'는 말씀이 성경에 366번 나온다. '걱정하지 마라'는 위로의 말씀이 매일 필요하기 때문일 거라고 한다. 마음속 신앙의 대상이 어려울 때마다 위로의 말을 들려준다. "걱정 마, 걱정은 내게 맡기고 기뻐해. 풍성한 삶을 누리렴. 내가 네 목자잖아. 네 곁에는 항상 내가 있을 거야. 걱정하지 마"라고 말씀하신다. 신앙인이 위기 가운데서도 당당하고 씩씩할 수 있는 것은 이 음성을 듣기 때문이다.

행복은 삶의 과정에서
느끼는 것

행복은 목적지에 도달한 후에 누리는 것이라고 생각하는 사람들이 많다. 그것은 오해다. 돈을 몇 억 모으면 그때부터 행복해질 거라고 믿고 올인한다. 기업 임원이 되면 그때부터는 기를 펴고 살 수 있을 것이라고 생각하고 밤낮으로 회사에 충성한다. 자녀가 일류대학만 가면 행복할 거라고 믿고 유치원 때부터 아이를 토끼몰이하는 엄마들도 있다. 그러나 그런 목적지에 도달한 사람들의 이야기를 들어 보면 기대하던 것과는 전혀 다르다.

소위 출세한 많은 사람들이 그렇게 행복하지 못한 자신을 발견하고 실망한다. 허망하고 우울하다. '이러려고 내가 옆도 안 보고 그 고생을 했나?' 속은 기분이라고 한다. 행복은 목적지에서 얻는 것이 아니기 때문이다. 행복은 삶의 과정에서 느끼는 것일 뿐이다. 행복의 순간을 놓치면 행복을 느낄 수 없다.

70대 할머니가 유럽 여행에서 돌아왔다. 아들이 효도 관광을 시켜 드린 것이다. 공항에서 어머니를 모시고 오는 길에 아들이 "어머니 좋은 것 많이 보셨지요?" 하고 물었다. 그런데 어머니의 반응이 의외였다. "난 본 것도 없다. 깃대밖에는…." 놀라고 실망한 아들이 알아보니 사연이 있었다. 여행사 가이드가 겁을 주었기 때문이다.

할머니 그룹을 모시고 단체 관광을 떠나면서 가이드는 걱정이 되었다. 한 분이라도 이탈자가 생기면 큰일이었다. 가이드는 여행사 깃대를 보여 드리며 말했다. "할머니들, 이 깃대 놓치면 집에 못 돌아옵니다. 할머니들이 영어를 압니까? 어떻게 찾아오시겠어요? 이 깃대를 절대 놓치지 마세요. 알겠지요?" 할머니는 잔뜩 겁을 집어먹고 여행 중에 깃대를 놓칠까봐 노심초사했다.

에펠탑에서도 깃대만 보았다. 남들은 맛있다고 입을 모은 양식을 먹을 때도 깃대를 잃어버릴까봐 걱정되어 음식 맛을 즐길 수 없었다. 그렇게 여행을 마치고 공항에 도착한 다음에야 비로소 깃대로부터 해방되었던 것이다.

이 책의 1부에서 소개한 강군의 아버지도 말하자면 깃

대 인생을 사신 분이었다. 돈과 성공이라는 깃대를 보고 달리다가 행복을 희생시킨 것이다.

인생은 아이스크림처럼 달콤한 것? 실은 그 반대

아내와 나는 명절에 시골 부모님을 뵈러 갔다. 나는 '부모 님과 약속한 시간에 도착해야 한다'는 생각에 집착했다. 한 시간 반가량 차를 모는 동안 내 뇌리에는 오로지 '늦지 않아야 한다'와 도착 시간밖에 없었다. 그러나 조수석에 앉아 있던 아내는 "한국의 산은 참 아름다워요" 하고 경 치를 즐겼다. 조금 후에는 카 오디오에서 흘러나오는 음악 을 즐기다가 "조수미는 노래를 참 잘하지요" 한다.

드디어 목적지에 제 시간에 도착했다. 아내와 나는 같 은 차에 타고 한 시간 반을 달려왔다. 그러나 행복지수는 달랐다. 나는 늦지 않게 도착하는 순간에 한 번 행복했다. 그것은 엄밀한 의미에서 행복이 아니다. 안도감이라고 해 야 맞을 것이다. 그러나 아내는 남편 곁에서 한 시간 반 동안 달려오는 모든 과정을 즐겼다. 아내의 행복지수는 나보다 훨씬 높다. 일생을 놓고 계산한다면 엄청난 차이가 날 것이다.

사실 모든 인간은 성공이라는 목적지를 향해 달리고 있다. 그러나 출근길에 가로수에 부서지는 햇살도 보고, 사랑하는 자식들의 웃음도 보고, 늘 곁에서 나를 바라봐 주는 아내도 느껴 보며 달려야 한다. 어느 시인은 '푸른 하늘을 바라볼 수 있는 것만으로도 나는 충분히 행복하다'고 했다.

너무 빨리 달리지만 말고 속도를 조금 늦춰 주변에 시선을 돌려 보자. 무심결에 지나치던 모든 사물들이 우리의 시선을 기다리고 있다. 행복은 가까운 곳에 있다. 어느 교수는 점심을 먹을 때 '이 점심은 내 생애에 몇 번 남은 점심 중 하나일까?' 하고 자신에게 묻는다고 한다. 그러면 늘 먹는 점심이지만 맛이 더 특별해진단다. 매일 행복하기로 마음먹자. 그리고 많이 웃자. 행복지수가 올라간다.

그러나 오해 없기 바란다. 나는 인생이 아이스크림처럼 행복하고 달콤한 것이라고 말하는 것이 아니다. 사실을 말한다면 인생은 고해와 같다. 가난, 배고픔과 추위는 현실적인 고통이다. 배고파 본 사람만이 끼니를 걱정하는 사람들의 고통을 이해할 수 있다. 세상에는 병도 많다. 병으로 인한 육체적 통증은 지독하다. 어떤 통증은 너무 아파서 기가 팍 죽는다. 다시 그런 아픔이 올까봐 겁이 날 지경이다.

암에 걸린 사람들은 생명이 언제 끝날 것인지 늘 초조하게 살날을 계산한다. 남은 생명의 길이에 대해서 잊고 사는 사람들은 이들의 심정을 모른다. 이런 무서운 병이 누구에게 올지 아무도 예측할 수 없다. 사건사고는 또 얼마나 많이 일어나는가.

무서운 범죄도 우리를 공포에 떨게 한다. 신호등이 바뀌었는데도 앞차가 움직이지 않자 뒤차의 운전사가 클랙슨을 눌렀다. 앞차 기사가 차에서 내리더니 트렁크에서 긴 칼을 꺼내 가지고 뒤차 기사를 찔렀다. 단지 클랙슨을 눌렀을 뿐인데 말이다. 뒤차 기사는 위와 폐까지 찢어져서 수술을 받았다. 다행히 목숨은 건졌지만 범인은 잡을 수 없었다.

자식 가진 사람들은 자식들 걱정으로 날을 샌다. 대학 넣어 놓으면 취직이 걱정이고, 취직시켜 놓으면 결혼이 걱정이다. 결혼시켜 놓으면 사네 못 사네 하며 바람 잘 날이 없다. 이런 현실적 걱정 외에도 심리적 고통이 우리를 시시때때로 공격한다. 열등감, 패배감, 배신감과 외로움은 만나기도 두렵고 아프다. 이걸 피하기 위해서 우리는 얼마나 필사적으로 노력하고 있는가?

아침에 눈을 떴을 때 알 수 없는 불안이 엄습한다. '아, 감격적인 새 아침이여!' 하고 환호하며 아침을 맞는 사람을 나는 보지 못했다. 물론 뇌가 수면 상태에서 각성 상태로 전환하는 과정에 있기 때문이기도 하지만, 잠자는 동안 유예 상태에 있던 걱정과 불안이 눈을 뜨는 순간, 그리고 냉정한 현실로 돌아오는 순간 함께 깨어나기 때문이라고 생각한다. 그래서 우울증 환자들이 가장 견디기 어려운 시간이 아침 시간이다. 특히 직장인들에겐 월요일 아침이 두렵다. 그래서인지 월요일 아침의 자살률이 높다는 조사 결과도 있다.

인생은 위험과 걱정의 바다와 같다. 위험은 도처에 도사리고 있고 인생은 근심의 연속이다. 그래서 인생은 살기 힘들다. 부자도 가난한 사람도, 출세한 사람도 그렇지 못한 사람도 모두 나름대로 문제를 안고 걱정하며 산다. 모두 자기 몫의 불행을 안고 산다. 자기 불행만 가장 크고 비극적으로 보이는 것은 인간의 이기적인 심성 때문일 것이다. 인생은 정도의 차이만 있을 뿐 모두 힘들다. 힘든 것이 인생이다. 그럴 줄 알고 살아야 한다. 그런데 이와는 반대로 '인생은 행복한 것인데 나만 재수가 없어서 이렇게 힘들게 산다'고 생각하는 사람들이 있다. 이렇게 생각하면 힘든 인생을 극복하며 살기가 힘들다.

누구에게나 힘든 인생, 구름 사이로 보이는 푸른 하늘을 보고 산다

얼마 전 인생은 행복한 것이라고 전하던 분이 자살했다. 많은 사람들에게 희망을 주었고 좋은 영향도 주던 분이었다. 항상 밝고 솔직하며 재치가 넘치는 매력적인 분이었다. 그런데 그가 자살했다는 소식을 듣고 나는 충격을 받았다. 그를 죽음으로 몰고 간 피치 못할 사연이 있었을 것이다. 제3자인 내가 그 고통을 다 이해할 수는 없다. 그분이 앓았던 병이 통증이 지독하게 심했던 것도 사실이다.

하지만 한 가지 아쉬운 생각을 떨쳐 버릴 수가 없다. 그가 지독한 고통을 받으면서도 살아남아 고통 받는 이웃들에게 "나를 보세요. 이 고통 속에서도 살고 있잖아요. 인생은 이렇게 참고 살 만한 가치가 있는 거예요. 그리고 내 인생에 고통만 있는 것도 아니에요"라고 그 특유의 매력적인 목소리로 말해 주었더라면 얼마나 좋았을까? 그랬더라면 고통과 절망 속에서 자살을 생각하던 많은 사람들이 '저런 분도 사는데 내가 왜 죽어' 하며 자리를 박차고 일어났을 것이다.

이렇게 이웃들에게 희망을 주며 사는 여성을 나는 알고 있다. 《지선아 사랑해》의 저자인 이지선 씨다. 이화여대 3학년 때 그녀는 참 아름다운 외모의 여대생이었다. 그런데 교통사고를 당해 화상을 입고 얼굴이 흉터로 험해졌다. 처녀로서 이런 외모는 죽고 싶을 만큼 수치스러웠을 것이다. 실제로 나는 한 젊은 여성이 얼굴에 화상을 입고 심한 우울증에 빠진 것을 치료한 적도 있다. 그녀는 지독한 수치심을 느꼈고 가해자에 대한 분노로 치를 떨었다. 6개월 이상을 두문불출하고 살았다.

그러나 이지선 씨는 우울증에 빠지지도 않았고 가해자에 대한 증오심으로 치를 떨지도 않았다. 오히려 밝게 웃으며 자신을 사랑하고 이웃을 사랑한다고 고백했다. 흉터로 일그러진 얼굴이 되었지만 그래도 인생은 살 만한 가치가 있는 것이고 이런 인생을 주신 하나님께 감사한다고 고백했다. 미모를 잃었지만 귀한 인생의 의미를 찾았다고 고백했다.

두 달 전쯤 조선일보에 이지선 씨의 사진과 기사가 대문짝만 하게 났다. 미국에서 사회복지 공부를 하고 귀국했다고 했다. 나는 이지선 씨에게서 '인생의 위험은 도처에 숨어 있다가 우리를 공격한다. 그리고 우리는 예측 못할 괴로움에 빠질 수도 있다. 그래서 인생은 괴로운 것이지만 그래도 살 만한 것이고 어떤 상황에서도 삶의 의미를 찾을 수가 있다'는 메시지를 들었다.

인생이 행복한 것이라고 믿는 사람은 고통에 봉착했을 때 견뎌 내기 힘들다. 그러나 인생은 본래 힘든 것인데 자기 몫의 고통을 안고 견디며 사는 것이라고 믿고 사는 사람은 사막에 던져 놓아도 물을 찾아 뿌리를 내리고 살아남는 식물과 같다. 이지선 씨에게도 인생은 힘들고, 자살한 사람에게도 인생은 힘들었다.

누구에게나 인생은 힘들다. 구름 사이로 언뜻언뜻 보이는 푸른 하늘처럼 소소한 행복이 우리를 찾아올 때 그 행복은 놓치지 말자. 행복지수의 차이는 거기서 난다.

죽음의 수용소에서 살아난
빅터 프랭클

삶의 이유가 분명한 사람은 절망을 이기고 극한 상황에서도 살아남을 수 있다. 이런 인생의 진리를 경험적으로 깨달은 사람이 있었다. 《죽음의 수용소》를 쓴 오스트리아의 정신분석가 빅터 프랭클(Viktor Frankl) 박사다.

빅터 프랭클은 유대인으로서 2차 대전 때 나치에 잡혀 아우슈비츠 수용소에 갇혔다. 처참한 생활이었다. 멀건 죽 한 그릇을 먹고 하루 종일 중노동을 했다. 영양실조로 쓰러지면 가스실로 끌려갔다. 일터로 가는 행진 중에 쓰러지면 일어설 기운이 없었다. 그대로 가스실로 끌려갔다. 쓰러진 유대인의 뒤를 따라가던 유대인들도 피할 기운이 없어서 걸려 넘어졌다. 그들도 일어서지 못하고 가스실로 끌려갔다.

어느 날 프랭클은 인상적인 경험을 했다. 전날부터 프랭클은 설사병에 걸렸다. 제대로 먹지도 못하는 판에 설사병까지 걸렸으니 다음 날 행진이 문제였다. 의사인 프랭클은 자기 몸의 상태로는 도저히 일터까지 갈 수 없다는 것을 알았다. 도중에 쓰러지면 일어서지 못하고 가스실로 끌려갈 것이다. 아침에 그는 '오늘이 내 마지막 날이로구나' 하고 생각했다.

다행히 간수가 그를 행렬의 제일 앞에 서게 해주었다. 그 간수는 의사인 프랭클의 도움을 받은 적이 있었다. 그래도 일터까지 갈 자신은 없었다. 행진이 시작되자 프랭클은 부인과 함께 행복하게 살던 시절을 회상했다. 그리고 석방되어 사랑하는 부인과 차를 마시며 대화를 나누는 생각을 했다. 갑자기 호루라기 소리에 정신을 차려 보니 몸은 아무 일 없이 일터에 도달해 있었다. 의학적으로는 도저히 불가능한 일이 벌어진 것이다. 그 후 힘을 얻은 프랭클은 연합군이 해방시켜 줄 때까지 극한 상황을 이겨냈다.

어떻게 프랭클은 극한 상황을 이겨 낼 수 있었을까? 그것은 살아야 할 이유, 즉 삶의 의미(meaning of life) 때문이었다. '집에서 나를 기다리는 아내를 만나야 해.' 이것이 그가 살아야 할 이유였다. 나중에 보니 그 참혹한 아우슈비츠에서 살아남은 이들은 신체가 건강한 사람들이 아니었다. 몸은 약하지만 이루어야 할 목적을 갖고 있고, 삶의 의미를 갖고 있는 이들이었다. 그들은 병들지도 않았고, 자살하지도 않았고 지독한 상황을 초인적으로 이겨 냈다.

프랭클은 인간이 삶의 의미를 상실할 때 정신질환에 걸린다고 했다. 그러나 의미를 회복하면 치유가 일어난다. 의미를 상실한 상태를 실존적 진공(existential vacuum) 상태라 했다. 우리가 조심해야 할 부분이 이것이다. 삶의 이유를 잃고 허겁지겁 살다가 마음은 건조한 실존적 진공 상태에 빠질 수가 있다. 그래서 자신에게 물어볼 필요가 있다. '나는 지금 무엇을 위해서 이렇게 바쁜 거지?' 그리고 마음의 대답에 귀를 기울여야 한다.

의미를 찾으면 어떤 상황에서도
살아남을 수 있다

프랭클은 이런 경험을 가지고 의미요법(logotherapy)이라는 이론을 정립했다. 의미를 찾으면 어느 상황에서도 살아남을 수 있지만, 의미를 상실하면 무력해진다는 학설이다. 그래서 치료자는 환자가 의미를 찾도록 도와주는 역할을 한다. 안과 의사의 역할과 같다. 안과 의사는 눈을 만들어 주지는 못하지만, 안경을 맞춰 주어 보지 못하던 것을 보게 해준다.

어느 날 밤 의과대학 시절의 은사가 프랭클을 찾아왔다. 존경하는 내과 의사인 그는 얼마 전 상처를 했다. 매우 힘없고 우울해 보였다. 상실감을 견디기 힘들다며 자살을 생각하고 있었다. "프랭클, 아내 없는 시간을 더는 못 견디겠어." 두 분의 금슬이 유난히 좋았기에 프랭클도 은사의 슬픔을 충분히 이해할 수 있었다.

어떻게 위로해야 할지 알지 못하던 중 문득 한 가지 생각이 떠올라서 이렇게 말했다. "교수님의 심정을 충분히 이해하겠습니다. 그런데 교수님, 한 가지 여쭙고 싶습니다. 만일 교수님이 먼저 돌아가시고 사모님이 살아 계신다면 지금의 이 고통을 누가 견뎌야 했을까요?" 한참 동안 침묵이 흘렀다. 노교수의 눈에서 눈물이 흘렀다. 그리고 이렇게 말했다. "차라리 내가 당하는 게 낫지. 그래, 그 사람은 나보다 더 못 견뎠을 거야."

노교수는 일어나 방을 나갔다. 들어올 때와 달리 힘 있게 악수까지 나눴다. 프랭클은 노교수에게 훌륭한 안과 의사의 역할을 한 것이다. 그것은 바로 노교수가 애도의 고통을 견뎌야 할 이유를 볼 수 있게 도와준 것이다. 노교수가 지금 당하고 있는 고통의 의미는 '아내가 당할 지독한 상실감을 내가 대신 겪고 있는 거야'였다. 노교수는 의미를 찾고 살 힘을 얻게 되었다.

이 이야기에서 배울 것이 하나 있다. 그것은 '고통 그 자체도 의미일 수 있다'는 것이다. 철학자 니체는 '고통의 의미를 발견하면 이미 고통은 고통이 아니다'고 말했다. 삶의 의미가 행복하고 화려한 것일 필요는 없다. 노교수의 경우처럼 고통도 보는 시각에 따라서 삶의 의미가 될 수 있다.

사람마다 살 이유를 갖고 있다. 삶의 의미는 사람에 따라 다를 것이다. 삶이 힘들고 무기력해질 때 자신에게 물어봐야 한다. '나는 무얼 위해 살고 있는 거지?' 인생의 위기는 삶의 의미가 증발해 버리고 실존적 진공 상태에 빠졌을 때 온다. 돋보기를 쓰고라도 자신만의 의미를 찾아야 한다. 세상 사는 힘이 거기서 나오기 때문이다.

빅터 프랭클의 '의미요법'은 인생의 진리를 가르쳐 준다. 인생의 환경은 바꾸기 어려울 때가 많다. 살다 보면 아우슈비츠처럼 절망적인 상황에 처할 수도 있다. 지금 이 순간 그런 상황에 처한 사람도 있을 것이다. 우리는 유한한 인간이기 때문에 이런 상황을 바꿀 수 없을 때가 많다. 하지만 프랭클이 발견한 것처럼 그 상황을 보는 시각과 태도는 우리가 선택할 수 있다. 긍정적 태도를 선택하고 잃지 않는다면 어떤 상황도 이겨 낼 수 있다. 프랭클과 같은 선각자들이 이 사실을 입증해 주었다.

Part 4

마음은 필사적이다
: 상처를 피하려고 벌이는 몸부림

마음을 잘 관리하기 위해서는 우선 자기감정을 잘 파악해야 한다. EQ가 높은 사람들이 어떤 일이 생겼을 때 '내가 화가 났나?', '내가 슬픈가?' 하며 감정을 파악한 후 '괜찮아 내가 누군데! 나는 잘 해 낼 수 있어' 하며 마음에 좋은 것을 먹인다. 마음 관리를 잘하려면 정신 에너지를 잘 관리해야 한다.

정신 에너지는 마음이 작동할 때마다 필요한 에너지다. 사람마다 일정량이 있어서 정신 에너지를 엉뚱한 일에 소모하면 마음이 무기력해진다. 정신 에너지가 고갈되었을 때 나타나는 신호들이 있다. 우선 주의 집중이 안 되서 공부를 못한다. 또 사람이 싫어진다. 평소와 달리 신경질이 자주 나고 어질러진 책상과 집안, 빨래거리들을 치울 엄두가 안 날 때 에너지 체크가 필요하다.

정신 에너지를 빼앗아 가는 주된 요인은 스트레스다. 주된 스트레스 중 첫 번째 스트레스는 '포기할 것을 포기하지 못하는 것'이고 둘째는 '남을 미워하는 것'이다. 미움은 몸과 마음을 병들게 한다. 셋째는 '열등감'이다. 열등감이 있는 사람은 오해를 잘하고 매사를 부정적으로 받아들인다.

내 마음과 남의 마음을 구별 짓는 경계선이 뚜렷해야 마음을 지킬 수 있다. 마음의 울타리를 치고 잘 지키기 위해서는 거절할 줄 알아야 한다. 열등감이 심한 사람은 거절을 못한다. 때로는 '노'라고 말할 수 있어야 마음 편하게 살 수 있다.

정신 에너지는 어떻게 만들어지고 보충될까? 가장 중요한 공급원은 잠이다. 잠잘 때 정신 에너지가 보충된다. 그렇기 때문에 잠을 잘 자야 한다. 깊은 잠을 잘 때 풀리지 않던 문제가 풀리고 억울한 일을 당했을 때 마음이 한결 편해지는 것을 느낄 수 있다.

사람은 인정받을 때 정신 에너지가 생긴다. 남편이 아내가 만든 음식을 땀을 닦아 가면서 맛있게 먹으면 아내는 기쁘고 힘이 난다. 남편도 아내가 "오늘 수고 많았어요" 하는 칭찬을 해 주면 그날의 고생스러웠던 기억은 사라지고 의욕이 살아난다.

그런데 세상에서 인정받을 기회가 많지는 않다. 직장 상사는 능력 없다고 비난하고 부모는 자녀들에게 공부를 못한다고 비난한다. 이런 비난의 사회에서 마음을 잘 관리하기 위해서 자신에게 남몰래 '괜찮아' 같은 말을 많이 해줘야 한다. 때로는 자신에게 근사한 상을 줄 필요도 있다. 어려운 작업을 끝냈을 때 자신에게 '수고했어. 오늘은 너에게 상을 줘야겠다' 하면서 맛있는 커피를 상으로 준다거나 쇼핑을 갈 수도 있다. 상을 받으면 마음은 위로받고 힘을 회복한다.

마음속에는 자기 비난의 기능이 있다. 실연당한 처녀가 풀이 죽어 있을 때 '내가 그럴 줄 알았다. 네가 진즉부터 버림받을 줄 알았어. 넌 매력이 없는 애잖아' 하며 마음속으로 자기 비난의 소리가 들린다. 비난의 소리는 유년기에 듣던 아버지나 어머니의 말씀인 경우가 많다. 어떤 일이 생겼을 때 마음에서 비난의 소리가 크게 울릴 때는 그것이 현실적이고 합리적인 소리인지, 혹시 유년기 부모의 말씀은 아닌지 따져 보고 제압해야 한다. 그래야 정신 에너지를 유지할 수 있다.

인간의 정신 기능에 자기 비난의 기능이 있지만 자기 위로의 기능도 있다. 이 기능이 정신 건강을 유지하는 데 필수적이다. 실직했을 때 '괜찮아. 자, 일어나자. 네가 그동안 쌓은 인맥과 경력도 만만치 않아. 나이도 젊잖아. 이럴 때 툭툭 털고 일어서는 것이 네 특기잖니' 하며 자기를 위로하는 것이다. 어릴 때부터 이런 위로가 저축이 되면 장성한 뒤 인생의 어려운 문제에 부딪힐 때 잠시 슬픔에 빠지지만 오뚝이처럼 일어날 수 있다.

삶의 의미가 극한 상황을 이겨 내는 힘을 공급한다. 2차 세계대전 때 유대인이었던 빅터 프랭클이 아우슈비츠 수용소에 갇히게 되었다. 당시 아우슈비츠에 갇힌 유대인들은 견디기 힘든 중노동을 하면서 제대로 먹지 못했고 씻을 물도 없었다. 하지만 빅터는 하루에 한 컵씩 배급 받는 물을 반만 마시고 나머지 물로 세수도 하고 면도까지 하는 등 몸 관리를 게을리 하지 않았다. 지독한 환경에서도 그는 '집에서 나를 기다리는 아내를 만나야 해'라는 삶의 의미 때문에 병들지도 않았고 자살하지도 않았다. 결국 전쟁이 끝난 후 '의미치료'라는 이론을 만들었다. 인생에서 견디기 힘든 어려움이 와도 삶의 의미를 발견하면 마음을 지킬 수 있다.

마음을 잘 관리할 때
누릴 수 있는 행복

나는 대나무로 만든 '효자손'을 하나 갖고 있다. 등이 가려울 때 효자손으로 정확하게 가려운 자리를 긁을 수 있다. 그럴 때마다 효자손이 그렇게 고마울 수가 없다. 정말 마음에 드는 효자 같다. 이렇게 가려울 때는 가려운 자리를 긁어야 시원해진다. 마음 관리를 잘하는 사람들은 효자손을 갖고 사는 사람들과 같다. 가려운 곳을 정확히 파악하고 적절하게 해결할 줄 아는 사람들이다. 인생을 효율적으로 사는 사람들이다. 행복을 일으키는 성감대가 마음에 있기 때문이다. 마음 관리가 행복의 열쇠다.

그런데 마음 밖에서 행복을 찾는 사람들이 있다. 사람들은 시간 관리를 철저히 한다. 인맥 관리도 철저히 하고 애경사에도 절대 빠지지 않는다. 건강 관리도 열심이다. 몸에 좋다는 음식을 먹으려고 먼 길도 마다하지 않고 달려간다. 재산 관리도 치밀하게 한다. 이런 것이 나쁘다는 말이 아니다. 다만 정작 마음에 관해서는 의외로 무심하다는 것이다. 마음이 무슨 무쇠인 줄 아는 사람들이 많다. 그러나 사실 마음은 유리처럼 연약하고 섬세한 것이다. 눈빛 하나에도 상처받아 아프고, 자존심 건드리는 말 한마디에 뿌리부터 흔들리는 것이 마음이다. 그리고 마음도 인내의 한계가 있다.

육체가 능력의 한계에 도달했을 때 병이 나는 것처럼 마음이 한계에 부딪치면 무기력, 우울, 불안, 불면증 같은 신호를 보낸다. 정도가 심해지면 공황장애, 조울병 같은 정신병이 발병한다. 마음이 가려운데 딴 다리를 긁고 있기 때문에 이런 일이 벌어진다.

이 책은 마음이 무엇인지 모르고 살아 온 사람들을 위한 책이다. 1부에서 소개한 강군의 아버지가 대표적인 분이다. 출세와 성공에 집착하다가 불면증에 시달리게 되었고 아들은 폭식증으로 체중이 20kg이나 불었다. 아내는 아내대로 '마음이 없는' 그에게 실망하여 이혼을 결심했다. 그의 인생은 성공했으나 실은 실패한 인생이었다. 마음은 무시하고 일과 성공에만 매달렸기 때문이다.

마음은 신비로울 정도로 엄청난 힘을 갖고 있으며 마음 스스로 자신을 보호하고 치유하는 힘도 갖고 있다. 그래서 마음을 잘 살피고 보호해 주면 인생이 달라진다. 2부에서 4부까지 이 내용들을 다뤘다. 마지막 5부에서는 마음의 동력인 정신 에너지를 잘 관리하고 그러기 위해서 잠을 잘 자는 것이 얼마나 중요한지 얘기했다. 이와 더불어 정신 에너지를 높이는 방법을 소개했다.

이 책을 쓰는 내가 목적지, 즉 책이 많이 팔리고 유명해지는 목적지만을 생각하며 밤낮으로 오로지 책 쓰는 일에만 몰두한다면 행복하지 못할 것이다. 책이 많이 팔리고 유명해진다고 해도 잠시 행복하겠지만 투자한 시간과 노력에 비해 행복지수는 높지 못할 것이다. 지금 이 책을 쓰는 동안 내 막내며느리가 나를 꼭 닮은 손녀딸을 낳았다. 분만실 앞에서 여러 시간을 기다렸다. 기다리는 동안 며느리가 안쓰럽고 걱정됐지만 아이를 만나는 순간 행복했다. 아이가 나를 닮았다는 사실이 나를 더 기쁘게 한다.

요즈음 나는 집에 가는 시간이 즐겁다. 막내아들과 며느리가 아이와 함께 우리 집에서 산후 조리를 하고 있기 때문이다. 아직 두 돌이 채 되기도 전에 동생을 보고 언니가 된 손녀딸 다에가 안쓰럽지만 동생을 예뻐하는 모습이 사랑스럽다. 다에는 할아버지인 나를 보면 좋아서 제자리에서 폴딱폴딱 뛴다. 나를 이렇게 환영해 주는 손녀딸이 있어서 행복하다.

나는 이 책을 쓰면서 일상생활 속에 담겨 있는 이런 행복을 놓치지 않는다. 책을 쓰다 보면 스스로 만족스럽게 잘 써질 때가 있다. 그럴 때 나는 그 부분을 프린트해서 아내에게 읽어 준다. "정말 좋네요." 아내의 피드백을 들으며 행복감을 느낀다. 책이 모양을 갖추고 삽화가 추가되고, 표지가 만들어지는 과정도 흥미롭다. 책 내용에 꼭 맞는 삽화를 보면 저절로 웃음이 터져 나온다. 나는 책이 출판되기 전에 이미 충분한 행복감을 누린다. 행복하기 위하여 책이 출판되기를 기다릴 필요는 없다. 행복은 과정 속에 있는 것이다.

어느 책에서 마음에 대한 이런 글을 읽었다. "돈으로 살 수 없는 것들이 많다. 물질은 살 수 있지만 마음은 돈으로 살 수 없다. 돈으로 집은 살 수 있지만 행복한 가정을 살 수는 없다. 돈으로 좋은 침대를 살 수는 있지만 단잠을 살 수는 없다. 돈으로 시계를 살 수는 있지만 시간을 살 수는 없다. 돈으로 책을 살 수는 있지만 지식을 살 수는 없다. 돈으로 음식은 살 수 있지만 입맛을 살 수는 없다. 돈으로 지위는 살 수 있을지 몰라도 명예를 살 수는 없다. 돈으로 섹스를 살 수 있을지 몰라도 사랑을 살 수는 없다. 돈으로 약을 살 수 있지만 건강을 살 수는 없다. 돈으로 보험을 들 수 있지만 안전을 살 수는 없다."

행복한 가정, 단잠, 명예와 사랑은 돈으로 살 수 없다.

마음을 잘 관리하는 사람들이 누릴 수 있는 특권들이다. 사실 마음은 몸을 지배하고 인생까지도 지배하기 때문이다.

휴 다운스는 "행복한 사람은 행복한 환경 속에 있는 사람이 아니다. 오히려 행복할 수 있는 마음 자세를 갖고 있는 사람이다"라고 했다. 마음의 관리가 행복한 삶의 열쇠다. 불완전하지만 현재의 나를 인정하고 일상의 행복을 놓치지 않고 누리며 사는 사람이 건강하고 행복한 사람이다. 우리는 그런 삶을 살 수 있는 존재들이다.